Goldblatt und Silberwurzel

Goldblatt und Silberwurzel

Alte und neue Baummärchen aus aller Welt

Mit 24 farbigen Bildern
von Monika Beisner

Sanssouci

Herausgegeben von Monika Beisner
und Tatjana Michaelis

ISBN 3-7254-1129-8
Veröffentlicht bei Sanssouci Verlag AG, Zürich 1998
Mit freundlicher Genehmigung des Carl Hanser Verlags
© Carl Hanser Verlag München Wien 1994
Umschlaggestaltung: Claus Seitz, München,
unter Verwendung eines Bildes von Monika Beisner
Satz: Reinhard Amann, Aichstetten
Lithos: Wartelsteiner, Garching
Druck und Bindung: Friedrich Pustet, Regensburg
Printed in Germany

für Elsbeth Juda

Italo Calvino

DAS MÄDCHEN, DAS MIT DEN BIRNEN VERKAUFT WURDE

Ein Mann hatte einen Birnbaum, der trug im Jahr vier Körbe Birnen. Einmal nun trug er nur dreieinhalb Körbe voll, der Mann aber mußte dem König vier bringen. Da er nicht wußte, wie er den vierten Korb füllen sollte, legte er seine kleinste Tochter hinein und bedeckte sie mit Birnen und Blättern.

Die Körbe wurden in die Speisekammer des Königs getragen, das kleine Mädchen aber rollte zusammen mit den Birnen heraus und verbarg sich. Da steckte sie nun in der Speisekammer, und da sie nichts anderes zu essen vorfand, knabberte sie an den Birnen. Nach einer Weile bemerkten die Diener, daß der Vorrat an Birnen abnahm, und sie fanden auch die Kerngehäuse. Sie sagten: »Hier muß eine Maus oder ein Maulwurf sein, der die Birnen annagt, wir müssen einmal nachschauen.« Und als sie zwischen den Strohmatten herumstöberten, entdeckten sie das kleine Mädchen.

Sie fragten: »Was machst du denn hier? Komm mit uns, du kannst in der Küche des Königs Dienste tun.«

Sie nannten sie Birnchen, und Birnchen war so tüchtig, daß sie die Arbeiten bald besser zu verrichten wußte als die Mägde des Königs; dazu war sie so anmutig, daß sie aller Herzen gewann. Auch der Königssohn, der in ihrem Alter war, war immer mit Birnchen zusammen, und zwischen ihnen beiden entstand eine große Zuneigung.

Mit dem Heranwachsen des Mädchens wuchs auch der Neid der Dienerinnen. Eine Weile lang verhielten sie sich ruhig, mit der Zeit aber ersannen sie Böses. So verbreiteten sie, Birnchen habe sich gerühmt, den Schatz der Hexen zu erbeuten. Das Gerücht drang auch zu den Ohren des Königs. Der ließ sie rufen und fragte sie: »Ist es wahr, daß du dich gerühmt hast, du wollest den Schatz der Hexen rauben?«

Birnchen sprach: »Nein, Heilige Krone, das ist nicht wahr. Ich weiß von nichts.«

Doch der König ließ nicht locker. »Du hast es gesagt, und du mußt dein Wort halten.« Und er verwies sie so lange aus dem Schloß, bis sie ihm den Schatz bringen würde.

Sie ging und ging, bis es Nacht wurde. Birnchen kam zu einem Apfelbaum, verweilte aber nicht. Sie kam zu einem Pfirsichbaum, verweilte aber nicht. Sie kam zu einem Birnbaum, kletterte in die Zweige und schlief ein.

Am Morgen darauf saß ein altes Mütterchen am Fuß des Birnbaums. »Was machst du da oben, schönes Töchterlein?« fragte das alte Mütterchen.

Und Birnchen erzählte ihr von der Not, in der sie sich befand. Das Mütterchen sagte: »Hier hast du drei Pfund Schweinefett, drei Pfund Brot und drei Pfund Mohrenhirse! Geh immer weiter geradeaus!« Birnchen dankte ihr von Herzen und setzte ihren Weg fort.

Sie kam an eine Stelle, an der sich ein Backofen befand. Dort standen drei Frauen, die rissen sich die Haare aus, um den Backofen damit zu fegen. Birnchen gab ihnen die Mohrenhirse, und sie fegten den Backofen nun mit der Mohrenhirse und ließen sie vorbei.

Und sie wanderte immer weiter, bis sie an eine Stelle kam, wo drei Fleischerhunde lagen; die bellten und fielen die Leute an. Birnchen warf ihnen die drei Pfund Brot hin, und sie ließen sie ungehindert ziehen.

Und nach langem Wandern kam sie an einen Fluß; der hatte

rotes Wasser, das sah wie Blut aus, und sie wußte nicht, wie sie hinüberkommen sollte.

Das Mütterchen aber hatte ihr gesagt, sie solle rufen:

Wässerlein, schönes Wässerlein,
würde ich nicht so in Eile sein,
tränk ich gewiß von dir ein Schüsselein.

Auf diese Worte hin zog sich das Wasser zurück und ließ sie durchgehen.

Jenseits des Flusses sah Birnchen einen der schönsten und größten Paläste von der Welt. Doch das Tor öffnete und schloß sich derart rasch, daß niemand einzutreten vermochte. Da schmierte Birnchen mit den drei Pfund Schmalz die Türangeln, und das Tor begann sich sanft zu öffnen und zu schließen.

Beim Betreten des Palastes erspähte Birnchen sogleich den Schatzkasten auf einem der Tische. Sie nahm ihn an sich und wollte davoneilen, als der Kasten zu sprechen begann.

»Tor, drücke sie tot, drücke sie tot!« sagte der Kasten.

Doch das Tor erwiderte: »Nein, das tue ich nicht, denn ich bin lange Zeit nicht geschmiert worden, sie aber hat mich geschmiert.«

Birnchen kam zum Fluß, und der Kasten rief: »Fluß, ertränke sie, Fluß, ertränke sie!«

Aber der Fluß entgegnete: »Nein, ich ertränke sie nicht, denn sie hat mich ›Wässerlein, schönes Wässerlein‹ genannt.«

Sie kam zu den Hunden, und der Kasten sprach: »Hunde, freßt sie auf, Hunde, freßt sie auf!«

Aber die Hunde: »Nein, wir fressen sie nicht, denn sie hat uns drei Pfund Brot gegeben.«

Sie gelangte zum Backofen. »Backofen, verbrenne sie, Backofen, verbrenne sie!«

Aber die Frauen: »Nein, wir verbrennen sie nicht, denn sie hat uns drei Pfund Mohrenhirse geschenkt, und wir können jetzt unsere Haare schonen.«

Birnchen war schon fast in der Nähe ihres Hauses, da wollte sie, neugierig wie alle kleinen Mädchen, sehen, was in dem Kasten drin war. Sie öffnete ihn, und im Nu entwich eine Henne mit goldenen Küken. Sie trippelten so geschwind davon, daß man sie nicht einholen konnte. Birnchen lief hinter ihnen her. Sie kam zum Apfelbaum, fand sie aber nicht; sie kam zum Pfirsichbaum, fand sie aber nicht; sie kam zum Birnbaum, und da saß das alte Mütterchen mit einer Gerte in der Hand und hütete die Henne mit den goldenen Küken. »Husch, husch«, machte die Alte, und die Henne mit den Goldküchlein schlüpfte wieder in den Kasten.

Als Birnchen auf dem Heimweg war, kam ihr der Königssohn entgegen. »Wenn mein Vater dich fragt, was du zum Lohn haben möchtest, so sagst du, du möchtest die Kiste mit Kohlen haben, die im Keller steht.«

Auf der Schwelle des Königspalastes waren die Mägde, der König und der ganze Hofstaat versammelt, und Birnchen überreichte dem König die Henne mit den Goldküchlein. »Verlange, was du willst, ich werde es dir geben«, sagte der König.

Birnchen bat: »Die Kohlenkiste, die im Keller steht.« Sie brachten ihr die Kohlenkiste, sie öffnete sie, und heraus sprang der Königssohn, der sich darin versteckt hatte. Da willigte der König ein, daß Birnchen seinen Sohn heiratete.

DAS KLEINE KIND
UND DER KÜRBISBAUM

Es war einmal eine arme Witwe, die hatte sechs Kinder. Als sie eines Tages aus dem Haus ging, um sich nach etwas Eßbarem umzusehen, sie war wirklich sehr arm, traf sie einen alten Mann, der am Flußufer saß.

»Guten Morgen«, sagte er zu ihr.

»Guten Morgen, Väterchen«, antwortete sie ihm.

»Willst du mir die Haare waschen?« fragte er sie.

Sie sagte ja und wusch sie ihm. Als sie weggehen wollte, gab er ihr eine kleine Münze und befahl ihr, ein Stück weit zu gehen, dort würde sie einen großen Baum voller Kürbisse sehen; da sollte sie neben den Wurzeln des Baumes ein Loch graben und das Geldstück vergraben; und wenn sie das alles getan hätte, sollte sie so viele Kürbisse verlangen, wie sie wollte, und sie würde sie auch bekommen.

Da ging die Frau und tat, wie ihr geheißen war, und sie bat um sechs Kürbisse, einen für jedes Kind, und sechs fielen herunter, und sie trug sie heim; nun hatten sie stets genug Kürbisse zu essen, denn wann immer ihnen der Sinn nach Kürbissen stand, mußte die Frau nur zu dem Baum gehen und darum bitten und sie bekam so viele, wie sie wollte.

Als die Frau eines Morgens aufstand, fand sie vor der Tür ein kleines Baby, das hob sie auf, trug es ins Haus und nahm es in ihre Obhut. Sie ging jeden Tag aus dem Haus, aber morgens kochte sie immer genug Kürbisse, damit die Kinder den ganzen Tag zu essen hatten. Als sie eines Tages nach Hause kam, waren alle Vorräte verschwunden, da schimpfte sie ihre Kinder und schlug sie, weil sie alles aufgegessen hatten. Die Kinder sagten, sie hätten nichts genommen – es sei das Baby gewesen –, aber sie wollte ihnen nicht

glauben und sagte: »Wie soll denn so ein kleines Baby aufstehen und sich selbst etwas nehmen?« Trotzdem bestanden die Kinder darauf, daß es das Baby gewesen sei. Deshalb gab sie, als sie wieder einmal aus dem Haus ging, etwas Kürbis in eine Kalebasse und stellte eine Falle darauf. Kaum war sie aus dem Haus, stand das Baby wie immer auf, um die Speise zu essen, und es geriet mit dem Kopf in die Falle, so daß es sich nicht mehr befreien konnte. Da fing es an, seinen Kopf hin und her zu werfen und laut zu schreien: »Bitte, helft mir hier raus, wenn mich die Frau so findet, bringt sie mich um!« Als die Frau hereinkam, sah sie das Baby in der Falle gefangen, also verpaßte sie ihm eine ordentliche Tracht Prügel, setzte es vor die Tür und bat ihre Kinder um Verzeihung, daß sie ihnen Unrecht getan hatte.

Nachdem sie das Baby vor die Tür gesetzt hatte, verwandelte es sich in einen ausgewachsenen Mann; der ging zum Fluß und sah dort am Flußufer den alten Mann sitzen, der ihn fragte, ob er ihm die Haare waschen wolle, so wie er schon die arme Frau gebeten hatte, aber der Mann sagte:

»Nein, ich will deine dreckigen Haare nicht waschen«, und verabschiedete sich von dem alten Mann.

Da fragte ihn der alte Mann, ob er gern einen Kürbis hätte, er sagte ja, und der alte Mann befahl ihm, solange weiterzugehen, bis er zu einem großen Baum voller Kürbisse käme, dort sollte er nur um einen bitten. Also ging er, bis er zu dem Baum kam, und die Kürbisse sahen so verlockend aus, daß ihm einer nicht genügen wollte, also rief er: »Zehn Kürbisse sollen herunterkommen!«, und die zehn Kürbisse fielen herunter und zerschmetterten ihn.

Jacques Roubaud

DAS KIND IM BAUM

Parzival kam hoch zu Roß durch den Wald. Das Märchen sagt ausdrücklich »kam hoch zu Roß« und nicht »ritt«. Parzival war nicht Mitglied eines Reitklubs. Er war ein Ritter. Ritter kommen hoch zu Roß daher. Das Märchen sagt, was es sagen muß, nur was es muß, wie es muß und wann es muß. Und das Märchen sagt, daß Parzival hoch zu Roß durch den Wald kam. Es war ein großer, dichter Wald mit vielen hundertjährigen Bäumen, stark verzweigten und dicht belaubten Bäumen, gelehrten und besonnenen Bäumen. Ein Märchenwald also. Und dies geschah in uralten Zeiten. Parzival und sein Pferd kamen durch den Wald, durch sein belaubtes Gemurmel.

Was ist ein Ritter? Man weiß nicht, ob es ein Tier ist oder ein Mensch. Man könnte meinen ein Hummer: er trägt sein Skelett, das sein Panzer ist, außen. Mit ihrem Panzer sehen sich alle Ritter gleich. Wie die Hummer. Alle Hummer sehen sich gleich. Und doch ist jeder Hummer ein Einzelwesen mit seiner Persönlichkeit, mit seinen Träumen, und wenn der Naturforscher zu ihm sagt: »Mein Herr, Sie sind ein Krustentier«, antwortet der Hummer: »Nein, mein Herr, ich bin ich selber und nichts anderes.« Aber da fällt mir ein, warum sagt der Naturforscher zum Hummer »mein Herr« und nicht »meine Dame«? Schließlich gibt es auch Hummerdamen, sonst gäbe es schon längst keine Hummer mehr.

Und dieser Ritter im Wald von Brocéliande, dem Märchenwald, ist er, falls er ein Mensch ist, Mann oder Frau? Um herauszufinden, ob ein Ritter ein Mann oder eine Frau ist, muß man ihn nach seinem Namen fragen, denn man muß den Klang seiner Stimme hören. Der *Ritter Schweigen* hingegen sprach nie. Er sprach nie, weil er ein schönes, junges Mädchen war, eine Prinzessin, die sich auf die Suche nach ihrer Jugendliebe gemacht hatte, einem schönen Knaben, den ihre Eltern im Wald gefunden und den sie aufgezogen hatten, und sie waren zusammen groß geworden, und während sie groß wurden, hatten sie sich ineinander verliebt, und dann war er auf Abenteuer ausgezogen, am Hof von Zypern war er als Sohn des Königs anerkannt worden, und inkognito hatte sie sich unter dem Namen *Ritter Schweigen* auf die Suche nach ihm gemacht, und würde sie nun rechtzeitig genug ankommen, um die Heirat ihres Liebsten mit der Tochter des Sarazenenkönigs zu verhindern? Aber dies ist ein anderes Märchen.

Ein Ritter, sagt das Märchen, ist Mann oder Frau. Fragen Sie also Parzival, wer er ist. Aber Parzival antwortet Ihnen nicht. Er bleibt stumm, ganz allein kommt er hoch zu Roß durch den stummen Wald. Er weiß nicht, daß Sie da sind und ihn anschauen. Er weiß nicht, daß Sie ihn befragen. Er ist gedankenverloren und kommt hoch zu Roß zwischen den hundertjährigen Bäumen durch den immer dichter werdenden Wald. Und auf jeden Fall hat er anderes zu tun, als auf Sie zu achten. Er sucht.

Was sucht er? Er sucht, sagt uns das Märchen, den *Gral*. (Es ist das Märchen, das spricht, das ganz allein spricht, und Sie hören es beim Lesen. Und Sie glauben, was es sagt, weil es die Wahrheit sagt. Das Märchen sagt immer die Wahrheit. Was das Märchen sagt, ist die Wahrheit, weil das Märchen es sagt. Manche sagen, daß das Märchen die Wahrheit sagt, weil das, was das Märchen sagt, die Wahrheit ist. Andere wiederum, daß das Märchen nicht die Wahrheit sagt, weil die Wahrheit kein Märchen ist. Doch in Wirklichkeit ist das, was das Märchen sagt, die Wahrheit dessen, wovon das Märchen sagt, daß das, was das Märchen sagt, die Wahrheit ist. Darum sagt das Märchen die Wahrheit.)

Parzival sucht den *Gral*. Was ist der Gral? fragen Sie. Parzival antwortet nicht. Das Märchen antwortet nicht.

Wir wissen nicht, was der Gral ist, höchstens, daß es etwas unendlich Kostbares ist und daß alle Ritter der Tafelrunde, alle Ritter von König Artus und Königin Guenièvre ihre Zeit damit verbringen, ihn zu suchen. Ein einziger von ihnen wird ihn finden, wie es im Buch, dem *Großen Buch vom Gral*, geschrieben steht. Manche sagen, daß es den Gral nicht gibt. Manche sagen, daß der Gral ein kostbarer Stein ist, der kostbarste aller Edelsteine, selbst kostbarer noch als der Karfunkel am Horn des Einhorns. Manche meinen, daß es ein göttliches und immaterielles Licht ist, das sich mit einer Geschwindigkeit verbreitet, die weitaus höher ist als die Lichtgeschwindigkeit von Professor Einstein, kurzum, mit einer unendlichen Geschwindigkeit. Andere denken an die Lanze des Gottes Lug, andere wiederum an den Porridgekessel des großen Dagda, des Gottes der keltischen Götter, andere ganz einfach (aber wir weisen diese lächerliche Interpretation aufs energischste zurück), es handele sich um die Barbierschüssel, deren sich die Barbiere bedienen, um den Rittern den Bart zu scheren.

Parzival könnte es uns sagen. Er weiß, was der Gral ist. Er ist im Schloß des Sünden- (und Sühne-)Königs empfangen worden, in dem der Gral kostbar verwahrt wird. Er hat den Gral gesehen, er hat ihn mit eigenen Augen gesehen. Aber leider hat er den König nicht gefragt, was der Gral eigentlich ist und wozu er dient. Er ist stumm geblieben, wie seine Mutter es ihm empfohlen hatte. Doch wenn es auch stimmt, daß man nicht reden soll, bevor man an der Reihe ist, und daß man sich nicht allzu neugierig zeigen soll, so gibt es andererseits doch Gelegenheiten, wo man reden muß. Und das war so eine. Daher hat er den Gral verloren, noch bevor er ihn überhaupt gefunden hatte, und jetzt sucht er ihn, und er müßte ihn nicht suchen, wenn er ihn nicht schon vor langer Zeit gefunden hätte.

Es stieß ihm, sagt das Märchen, nichts zu, was erzählt zu werden verdient, bis er auf einer großen Lichtung ankommt. In einem Baum, der sehr groß zu sein schien, sah er auf einem Ast ein Kind, und es saß so hoch, daß eine Lanze es nicht hätte erreichen kön-

nen. Was ich Ihnen sage, ist die reine Wahrheit. Es hatte einen Apfel in der Hand. Sie hätten bis nach Rom gehen können und wären doch keinem wohlgeformteren Geschöpf begegnet. Es war sehr gut gekleidet und schien nicht älter als fünf Jahre alt zu sein.

Parzival sah es einen Augenblick lang an, dann brachte er sein Pferd unter dem Baum zum Stehen und grüßte. Das Kind erwiderte seinen Gruß. »Komm da herunter«, sagte Parzival zu ihm. »Nein«, gab das Kind zur Antwort. »Ich stehe nicht in Euren Diensten, obschon Ihr Ritter seid. Ich habe keinen Grund und Boden von Euch. Beim Glauben, den ich Gott schulde, sind viele Worte, die bis zu meinen Ohren heraufgeflogen kamen, nicht wieder von dort heruntergekommen. Den Euren wird es nicht anders ergehen.« – »Sagt mir wenigstens, Sire Kind«, fuhr Parzival höflich fort, »ob ich auf dem rechten Wege bin.« Und das Kind gab zur Antwort: »Das ist gut möglich, doch ich bin in meinem Alter nicht beschlagen genug, um Euch das zu sagen, wenn ich nicht weiß, wohin Ihr wollt.« – »Zunächst einmal, Sire Kind, möchte ich Euren Namen erfahren, von wo Ihr seid und aus welchem Land, und warum Ihr solcherart auf diesem Ast sitzt, und ich möchte auch wissen, ob Ihr wißt, wo sich der Gral befindet und das Schloß des Sünden-Königs.« – »Über alles das kann ich dir nichts sagen, nichts Falsches und nichts Wahres, doch wenn du einen Rat willst, dann klettere auf diesen Baum, das ist das beste, was ich für dich tun kann.« Und bei diesen Worten richtete es sich auf dem Ast auf, kletterte ohne länger zu warten auf den Ast darüber und ohne eine Sekunde auf diesem anzuhalten von Ast zu Ast und stieg und stieg, bis es in der Höhe immer kleiner wurde und am Ende verschwand. Es war gewiß ein sehr großer Baum.

Parzival verharrte stumm und nachdenklich am Fuße des Baumes, in dem das Kind entflohen war. Da auf einmal richtete sich sein Pferd (das alles mitangehört hatte), nachdem es seinen langen Kopf, schön wie der einer viktorianischen Lady, mit fragendem Blick nach ihm umgewandt und dreimal die Ohren bewegt hatte, auf den Hinterbeinen auf, legte die Vorderhufe an den Stamm und stieg behende in den Baum bis zur ersten Astgabelung, etwa sechs Fuß über dem Boden.

»Was tust du da?« hob Parzival an, doch er unterbrach sich sofort. Denn von der Baumgabel, auf der er sich jetzt mit seinem Pferd befand, gingen wie vom Schaft eines Leuchters sieben Äste aus.

Und auf jedem dieser Äste befand sich ein Ritter in seiner Rüstung, mit hochgeklapptem Visier. Und da die Visiere ihrer Helme (außer einem) hochgeklappt waren, sah man ganz deutlich, daß diese Ritter alle (vielleicht mit einer Ausnahme) Tiere waren. Als Parzival von links nach rechts schaute, erblickte er nacheinander auf dem ersten Ast ein rotes Eichhörnchen

— auf dem zweiten eine Heuschrecke

— auf dem dritten einen Rotfuchs

— auf dem vierten einen Igel

— auf dem fünften einen noblen Löwen

— auf dem sechsten einen Snark

— und auf dem siebten und letzten ein ›Nichts‹, und es war das ›Nichts‹, das das Visier seines Helms heruntergeklappt hatte. »Warum klappst du dein Visier nicht hoch?« fragte Parzivals Pferd. »Weil ich nicht existiere«, sagte das ›Nichts‹. »Aber wenn du nicht existierst, wie kannst du dann sprechen?« fragte das Pferd. Aber das ›Nichts‹ gab nichts zur Antwort. »Machst du dich über mich lustig oder was?« fragte das Pferd und kratzte mit dem Huf an der Rinde.

Ach ja, sagt das Märchen, der siebte Ritter war ein ›Nichts‹. Er glich ein wenig dem nicht existierenden Ritter Calvinos, doch hatte er etwas noch Melancholischeres, noch Abwesenderes. Und sein Pferd war tintenschwarz, aber von einer derart schwarzen Tinte, daß man sie nicht sah. Es handelt sich hier um eines der Geheimnisse des Grals, sagt das Märchen, aber dies ist weder der Ort noch der Augenblick, es aufzuklären. Wir müssen zu Parzival zurückkehren.

Und plötzlich, ohne sich die Zeit zu nehmen nachzudenken,

sprach Parzival und sagte: »Sires Ritter, könnt Ihr mir sagen, wer dieses Kind ist, und wohin es gegangen ist?« Kaum hatte er diese Worte gesprochen, als ihm klar wurde, daß er nicht die richtige Frage gestellt hatte. Unglücklicher Parzival! Bloß, weil du im Schloß des Sünden-Königs stumm geblieben bist, darfst du doch jetzt nicht die erstbeste Frage stellen, die dir durch den Kopf geht.

Und in der Tat sahen alle Tiere und die Vielleicht-nicht-Tiere, wie der ›Snark‹ und das ›Nichts‹, die in dem Augenblick, als Parzival zu reden angefangen hatte, einen Ausdruck des Vertrauens und des wohlwollenden Abwartens aufgesetzt hatten, furchtbar enttäuscht aus: Das Eichhörnchen, das auf einem Shetland-Pony saß, machte seinen Haselnußsack zu, den es offengehalten hatte, und schaute verdrießlich, die Heuschrecke klappte die Flügel zusammen, die blauen und die roten, mit denen sie abwechselnd schlug, und der Blick ihrer Facettenaugen verschleierte sich und wechselte vom Grau zum Blau, der Fuchs zog die Ohren ein und der Igel seine Stacheln, der Löwe verdoppelte seine enttäuschte Noblesse, der Snark und das ›Nichts‹ drückten ihre gemeinsame Enttäuschung dadurch aus, daß sie sich überhaupt nicht änderten. Und doch bedeutete jedes von ihnen mit einem Gesicht der Resignation und einer Handbewegung Parzival, ihm auf den Ast zu folgen, auf dem es saß.

Parzival hätte seinen Irrtum gern auf der Stelle wieder gutgemacht und gefragt, wo der Gral sei, doch seine Zunge war wie gelähmt, und er entschloß sich, ihnen zu folgen. Ihnen zu folgen, ja, aber wem? Er konnte nicht an den sieben Ästen gleichzeitig entlangklettern. Das Eichhörnchen kam ihm zu jung vor, die Heuschrecke zu urwüchsig-spontan, der Fuchs zu unabhängig, der Igel zu vertrauensselig. Der Snark flößte ihm kein Vertrauen ein. Und wenn es ein ›Boojum‹ ist? sagte er zu sich. Und wissen Sie auch, sagt das Märchen, daß, wenn der Snark zur Gattung der ›Boojum‹ gehört, jeder, der ihm folgt, ganz langsam, ganz langsam verschwindet und man ihn nie wiedersieht? Was das ›Nichts‹ angeht, so schien es ihm nicht möglich, sich für es zu entscheiden, denn selbst wenn dieses ›Nichts‹ ihm etwas beizubringen wünschte, könnte er das, was ›Nichts‹ ihm sagen würde, nicht verstehen. Er wählte also den Löwen.

Er kletterte dem Löwen nach, er ritt kletternd und kletterte reitend Tage und Nächte hindurch. Von Zeit zu Zeit löschte er seinen Durst an den Äpfeln, die er auf dem Baum pflückte, die ihn auch, ebenso wie sein Pferd, ernährten. Und während Parzival auf dem riesigen Baum vorwärtskam, hatte er das seltsame Gefühl, daß er, während er sich immer noch in einem Baum befand, zugleich in einem Wald war, bloß, daß er sich eher senkrecht fortbewegte als waagrecht. »Dieser Baum gleicht einem Wald«, sagte sich Parzival. »Sprich für dich«, sagte das Pferd. »Es steigt steil an!«

Sie folgten dem Löwen in die Äste, aber er war so schnell, daß es ihnen nie gelang, ihn einzuholen und ihn zu fragen, wo der Gral sei. Eines Abends schließlich (man erblickte den Himmel dort oben, ganz oben, der dunkel wurde) erreichten sie eine neue Astgabelung, und Parzival hielt sein Pferd an, das sich ausruhen mußte. Die Luft war dunkel und düster geworden, fast ebenso düster wie dunkel: die Nacht eben. Und Parzival wollte die Augen schließen, als plötzlich,

als plötzlich, sagt das Märchen, der ganze Baum im Schein von Tausenden von *Talglichtern* (so sagte man früher, zur Zeit Parzivals und des Königs Artus', zur Zeit des Märchens; man sagte nicht »Kerzen« oder »Laternen« oder »Scheinwerfer«, sondern »Talglichter«) erstrahlte, und in ihrem Schein, geheimnisvoll und tief wie der von Tausenden von hellen Sternenlichtern (man sagte »Talglichter«, früher, damit es sich auf »Sternenlichter« reimte), erschien Parzival das Kind, das er beim ersten Mal gesehen hatte.

Und Parzival hat es einen Augenblick lang angesehen, dann hat er es gegrüßt. Das Kind hat ihm seinen Gruß erwidert. »Komm da herunter«, sagte Parzival zu ihm. »Nein«, gab das Kind zur Antwort. »Ich stehe nicht in Euren Diensten, obschon Ihr Ritter seid. Ich habe keinen Grund und Boden von Euch. Beim Glauben, den ich Gott schulde, sind viele Worte, die bis zu meinen Ohren heraufgeflogen kamen, nicht wieder von dort heruntergekommen. Den Euren wird es nicht anders ergehen.« – »Sagt mir wenigstens, Sire Kind...«, und das Märchen setzt hier die Unterhaltung Parzivals mit dem Kind nicht fort, denn der Leser könnte sie selber fortsetzen, und das Märchen sagt nicht gern Dinge, die der Leser ohne es finden kann.

Und alles, in der Tat, sagt das Märchen, war ähnlich, wie es beim ersten Mal gewesen war. Höchstens, daß die sieben Tierritter noch ein wenig trauriger aussahen (außer dem ›Nichts‹, dessen Ausdruck unergründlich blieb), und ihre Felle waren ein wenig matter. »Ich habe«, sagte das Pferd, »einen seltsamen Eindruck des Déjà-vu.«

Wird Parzival den Gral entdecken, wird er je von diesem verzauberten Baum herunterkommen? Das Märchen, *dieses* Märchen, sagt es nicht. Es sagt nicht ja, es sagt nicht nein, es sagt nichts. Andere Erzähler haben sich eingehend mit dem Märchen befaßt, sie haben seine Fortsetzungen geschrieben. Und jeder von ihnen hat die Wahrheit des Märchens auf seine Weise gesagt. Denn das Märchen, die Märchen, sagen die Wahrheit, aber nicht alle Wahrheiten sind sich ähnlich, oberflächlich gesehen wenigstens.

Manche sagen, Parzival habe nicht das richtige Tier gewählt: er hätte dem Eichhörnchen folgen sollen oder dem Igel oder sogar dem ›Nichts‹ (ja, es gibt sogar Zweige des Märchens, wo das Märchen dem ›Nichts‹ folgt). Aber andere sagen, daß das nichts geändert hätte, daß die 7 Wege Parzival alle immer wieder an ein und denselben Punkt geführt hätten, denn wenn man den Baum hinaufklettert, begegnet man immer neuen Repliken des Baumes, bis in die Unendlichkeit. Sie sagen, daß der Baum sich 7 mal selber enthält und daß so alles wieder von vorn anfängt, ohne je aufzuhören.

Sie sagen auch, daß es vielleicht viele Grale gibt, die nur Erscheinungen oder Kopien ein und desselben einzigen und wahren Grals sind, daß jedes Tier vielleicht seinen Gral hat, der ebenso wahr ist wie der unsere; daß Parzival vielleicht den Gral finden wird, daß er aber nie wissen wird, daß er ihn gefunden hat, weil der Augenblick, da man ihn findet, erst erkannt werden kann, wenn er vorbei ist und nur mehr eine ungewisse Erinnerung ist.

Manche weisen darauf hin, daß sich dennoch etwas ändert, daß sich nicht alles im Baum völlig gleich wiederholt: die Tiere, das Pferd und Parzival, sein Reiter. Zwischen einem Durchgang Parzivals an der gleichen Astgabelung, und dem nächsten, ist Zeit vergangen, vergeht Zeit. Sie schließen daraus, daß der Baum der Baum der Weisheit ist, daß die Äpfel, die den Helden mit Nahrung versorgen, die der Erkenntnis sind, daß Parzival, indem er nacheinander jedem der Tiere folgt, gewiß weiser werden wird, daß er jedoch sowohl den Apfel der Äpfel, der die Wahre Erkenntnis ist, das heißt das Gedächtnis, als auch die Weisheit, die der Gral ist, erst im Augenblick seines Todes erreichen wird. Und manche (dieselben oder andere) sagen, daß die 7 Tiere in der Tat Allegorien von 7 mal zwei Tugenden sind, die die Weisheit bilden: daß das Eichhörnchen Neugier und Scharfsinn bedeutet, die Heuschrecke Leichtigkeit und Schnelligkeit, der Fuchs Unabhängigkeit und Kühnheit, der Igel Beständigkeit und Unschuld, der Löwe Mut und Barmherzigkeit, der Snark Unsichtbarkeit und Vermeidbarkeit, und das ›Nichts‹, sogar das ›Nichts‹ hat seine Tugenden, die die Abwesenheit und das ? sind, eine Tugend, über die man nichts weiß. Das sagen die Erzähler.

Und es gibt noch viele andere mögliche Interpretationen.

Ich habe gesprochen.

»Und das Kind«, sagen Sie, »das Kind im Baum? Ist es nicht Merlin, der Zauberer, der die Vergangenheit ebenso kennt wie die Zukunft voraussieht und der diese dunklen Worte spricht, deren Sinn man nicht versteht, bevor die Dinge, von denen die Rede ist, geschehen sind? Und das Kind?« sagen Sie.

»Das Kind?« sagt das Märchen, »was für ein Kind?«

DER VERZAUBERTE
APFELBAUM

Es war einmal eine alte Frau, die hieß Elend. Sie besaß nichts als einen Apfelbaum, und auch dieser Apfelbaum machte ihr mehr Kummer als Freude. Wenn die Äpfel reif waren, kamen die Lausbuben aus dem Dorf und stahlen sie vom Baum.

Das ging so Jahr um Jahr, als eines Tages ein alter Mann mit einem langen weißen Bart an Elends Tür klopfte. »Liebe Frau«, bat er, »gib mir ein Stück Brot.«

»Du bist auch eine armselige Kreatur«, sagte Elend, die immer großes Mitleid mit anderen Menschen hatte, obwohl sie selbst nichts besaß. »Hier ist ein halber Laib, nimm ihn; mehr habe ich nicht, laß ihn dir schmecken, ich hoffe, er stärkt dich ein wenig.«

»Weil du so gütig bist, hast du einen Wunsch frei«, sagte der alte Mann.

»Ach«, seufzte die alte Frau, »ich habe nur einen einzigen Wunsch! Jeder, der meinen Apfelbaum anrührt, soll daran kleben bleiben, bis ich ihn erlöse. Es ist einfach unerträglich, daß mir immer alle Äpfel gestohlen werden.«

»Dein Wunsch wird in Erfüllung gehen«, sagte der alte Mann und ging seines Wegs.

Zwei Tage später ging Elend hin, um nach ihrem Baum zu sehen; an seinen Ästen hingen und klebten zahllose Kinder, Dienstboten und Mütter, die gekommen waren, um ihre Kinder zu retten, Väter, die versucht hatten, ihre Frauen zu retten, zwei Papageien, die aus ihrem Käfig entflogen waren, ein Hahn, eine Gans, eine Eule, verschiedene andere Vögel und auch eine Ziege. Bei diesem erstaunlichen Anblick brach Elend in lautes Gelächter aus und rieb sich vor Freude die Hände. Sie ließ sie alle noch ein Weilchen dort hängen, bevor sie sie schließlich befreite.

Die Diebe hatten ihre Lektion gelernt und stahlen nie wieder Äpfel von ihrem Baum.

Einige Zeit war vergangen, da klopfte es eines Tages wieder an der Tür der alten Frau.

»Herein«, rief sie.

»Was glaubst du, wer ich bin«, sagte eine Stimme. »Ich bin der Gevatter Tod. Hör zu, Mütterchen«, fuhr er fort, »du und dein alter Hund, ihr habt lange genug gelebt; ich bin gekommen, um euch beide zu holen.«

»Du bist allmächtig«, sagte Elend, »ich werde mich deinem Willen nicht widersetzen. Aber erlaube mir noch einen Wunsch, bevor ich meine Sachen packe. An dem Baum dort drüben wachsen die wunderbarsten Äpfel, die du je gekostet hast. Wäre es nicht ein Jammer, wenn du gehen würdest, ohne einen einzigen Apfel zu pflücken?«

»Weil du mich so freundlich bittest, werde ich mir einen holen«, sagte der Tod, und das Wasser lief ihm im Mund zusammen, als er zu dem Baum ging. Er kletterte in die höchsten Zweige des Baumes, um einen großen rosigen Apfel zu pflücken, doch kaum hatte er ihn berührt, blieb er mit seiner langen knochigen Hand an dem Baum kleben. So sehr er sich auch bemühte, er konnte sich nicht wieder losreißen.

»So, du alter Tyrann, da hängst du jetzt und bist außer Gefecht«, sagte Elend.

Weil aber der Tod an dem Baum hing, starb niemand mehr. Fiel einer ins Wasser, ertrank er nicht; wurde jemand von einem Wagen überrollt, spürte er es gar nicht; die Leute starben nicht einmal mehr, wenn man ihnen den Kopf abschlug.

Nachdem der Tod, im Winter wie im Sommer und bei jedem Wetter, zehn lange Jahre an dem Baum gehangen hatte, bekam die alte Frau Mitleid mit ihm und erlaubte ihm herunterzukommen – unter der Bedingung, daß sie so lange leben durfte, wie sie wollte.

Gevatter Tod ging auf den Handel ein, und das ist der Grund, weshalb die Menschen länger leben als die Spatzen und weshalb es immer Elend auf der Welt gibt und wohl auch bis in alle Ewigkeit geben wird.

DER DUMMKOPF
UND DIE BIRKE

In irgendeinem Lande, irgendeinem Reiche lebte einst ein Alter, der hatte drei Söhne: zwei kluge und einen dummen. Der Alte starb, und die Söhne teilten sich in den Besitz, wie es ihnen nach ihrem Geschick zukam: die Klugen erhielten viel Hab und Gut, der Dummkopf aber bekam nur einen Ochsen, und der war auch noch schlecht! Der Jahrmarkt begann; die klugen Brüder machten sich bereit, um dort zu verkaufen; als der Dummkopf das sah, sagte er: »Und ich, Brüderchen, werde meinen Ochsen auf den Markt führen.«

Er schlang dem Ochsen einen Strick um die Hörner und machte sich auf den Weg in die Stadt. Um dorthin zu gelangen, mußte er durch den Wald gehen, im Wald aber stand eine alte, trockene Birke; wenn der Wind wehte, dann knarrte die Birke. »Was knarrt die Birke wohl?« dachte der Dummkopf. »Ob sie um meinen Ochsen handelt? Nun«, sagte er, »wenn du willst, dann kauf ihn; ich habe nichts dagegen, ihn zu verkaufen! Der Ochse kostet zwanzig Rubel; weniger kann ich nicht nehmen ... Also hol das Geld heraus!« Die Birke gab ihm keine Antwort und knarrte nur. Dem Dummkopf aber schien es, als bäte die Birke um Aufschub. »Nun gut, ich werde bis morgen warten!« Er band den Ochsen an der Birke fest, nahm Abschied von ihr und ging heim. Die klugen Brüder kamen nach Hause und fragten: »Na, Dummkopf, hast du den Ochsen verkauft?« – »Das habe ich!« – »Was hast du denn gefordert?« – »Zwanzig Rubel.« – »Und wo ist das Geld?« – »Das Geld hab ich noch nicht; ich soll morgen kommen.« – »Ach, du Einfaltspinsel!«

Am anderen Morgen stand der Dummkopf früh auf, zog sich an und ging zu der Birke, um sein Geld zu holen. Als er in den Wald kam, stand die Birke da und schwankte im Wind, der Ochse aber war verschwunden: den hatten des Nachts die Wölfe gefressen. »Nun, Landsmann, gib mir das Geld, du hast gestern versprochen, daß du heute bezahlst.« Der Wind wehte, die Birke knarrte, und der Dummkopf sprach: »Was bist du doch unzuverlässig! Hast gestern gesagt, morgen gibt's Geld, und heute versprichst du dasselbe! Nun gut, ich warte noch einen Tag, aber länger nicht, denn ich brauche das Geld.« Er kehrte heim, und die Brüder fragten ihn: »Na, hast du das Geld bekommen?« – »Nein, Brüderchen, muß noch einen Tag warten.« – »Wem hast du ihn denn verkauft?« – »Der trockenen Birke im Walde.« – »So ein Trottel!«

Am dritten Tag nahm der Dummkopf die Axt und ging in den Wald. Er kam dorthin und verlangte sein Geld. Die Birke aber knarrte und knarrte. »Nein, Landsmann, wenn du mich immer auf morgen vertröstest, dann bekomme ich nie etwas von dir. Ich dulde keine Späße, werde jetzt rasch mit dir abrechnen!« Und er hieb mit der Axt hinein, daß die Splitter nach allen Seiten flogen. Diese Birke aber war innen hohl, und in der Höhlung hatten Räuber einen Kessel mit Gold versteckt. Der Baum brach in zwei Teile auseinander, und der Dummkopf erblickte das reine Gold; er packte sich soviel Gold in die Rockschöße, wie er nur tragen konnte, lief nach Hause und zeigte es den Brüdern. »Wo hast du, Dummkopf, denn das gescheffelt?« – »Der Landsmann hat es mir für den Ochsen gegeben; aber das ist noch nicht alles, ich habe nicht einmal die Hälfte davon nach Hause gebracht! Kommt, Brüderchen, wir wollen den Rest holen!« Sie gingen in den Wald, nahmen das Gold und machten sich auf den Heimweg. »Paß auf, Dummkopf«, ermahnten ihn die klugen Brüder, »sage es keinem, daß wir so viel Gold haben.« – »Werd's schon nicht sagen!«

Da kam ihnen plötzlich der Küster entgegen: »Was schleppt ihr da aus dem Wald?« Die Klugen antworteten: »Pilze!« Der Dummkopf aber widersprach: »Sie lügen! Gold tragen wir; schau einmal her!« Der Küster schlug die Hände zusammen, stürzte sich

auf das Gold, griff gierig hinein und stopfte es sich in die Taschen. Da wurde der Dummkopf wütend, holte mit der Axt aus und schlug ihn zu Tode. »Ach, Dummkopf! Was hast du bloß angerichtet?« riefen die Brüder. »Wirst selber draufgehen und ziehst uns mit hinein! Wo sollen wir jetzt mit der Leiche hin?« Sie überlegten und überlegten, zerrten den Leichnam schließlich in einen leerstehenden Keller und ließen ihn dort liegen.

Spät am Abend sagte der ältere Bruder zum mittleren: »Die Sache sieht nicht gut aus! Sobald man den Küster sucht, wird der Dummkopf alles erzählen. Komm, laß uns einen Ziegenbock schlachten und ihn in dem Keller verbergen; die Leiche aber vergraben wir an anderer Stelle.« Sie warteten die finstere Nacht ab, schlachteten den Ziegenbock und warfen ihn in den Keller, dann trugen sie den Küster an einen anderen Ort und schaufelten ihn dort in die Erde ein. Einige Tage vergingen, da begann man, den Küster überall zu suchen und alle nach ihm zu fragen. Der Dummkopf gab zur Antwort: »Wozu braucht ihr denn den? Ich habe ihn neulich mit der Axt erschlagen, und die Brüder haben ihn in den Keller getragen.«

Sofort wurde der Dummkopf festgenommen: »Zeige ihn uns, führe uns hin!« Der Dummkopf stieg in den Keller, hob den Kopf des Ziegenbocks auf und fragte: »Ist euer Küster schwarz?« – »Ist schwarz.« – »Mit Bart?« – »Ja, mit Bart.« – »Und hat er Hörner?« – »Wieso Hörner, du Trottel?« – »Na, seht doch mal!« – und damit warf er ihnen den Kopf zu. Die Leute sahen, daß es nur ein Ziegenbock war; sie spuckten dem Dummkopf in die Augen und gingen nach Hause. Zu Ende ist nun unsre Mär, jetzt gebt ein Krüglein Met mir her!

DAS MÄRCHEN
VOM GOLDENEN BAUM

Es war einmal ein König, der hatte drei Söhne. Die schickte er in die Welt hinaus, damit sie etwas lernen sollten. Da gingen die Söhne miteinander fort, bis sie an einen Kreuzweg kamen; dort wollten sie sich trennen. Ehe sie sich trennten, machten sie aus, daß sie jedes Jahr wieder an dem Kreuzweg zusammenkommen wollten. Dann stieß jeder sein Schwert in einen Baum, und wenn einer von ihnen fehlte und die andern sein Schwert rostig fänden, so sollte das ein Zeichen sein, daß er tot wäre.

Der Älteste kam in einen großen Wald, und es begegnete ihm ein Löwe. Der fragte ihn: »Wo gehst du hin? Nimm mich doch auch mit!« »Also komm«, antwortete der Prinz, und sie gingen miteinander fort. Als sie ein Stück Wegs gegangen waren, kam ein Wolf zu ihnen und sagte: »Wo geht ihr hin? Nehmt mich doch auch mit!« »Ja, du kannst auch mitgehen«, antwortete der Prinz. Zuletzt kam noch ein Bär zu ihnen und fragte wie die anderen: »Wo geht ihr hin? Nehmt mich doch auch mit!« »Ja, du kannst auch mitgehen«, sagte der Prinz wieder. Da gingen sie alle miteinander fort. Als sie nun durch einen großen Wald gewandert waren, kamen sie in eine Stadt, da waren alle Leute sehr traurig, und die Häuser an der Straße waren alle mit Trauerflor behangen. Der Prinz fragte, was das zu bedeuten hätte. Sie sagten ihm: »Morgen wird die Tochter des Königs von einem siebenköpfigen Drachen gefressen.« Da fragte der Prinz, wo die Königstochter aufgefressen werden sollte, und als er gehört hatte: »Auf dem Drachenberg!«, ging er dorthin, um sich alles genau anzusehen. Als der König nun seine Tochter brachte, waren alle Leute sehr traurig. Da stürzte der Prinz mit gezücktem Schwert herbei, und seine Tiere folgten ihm, und er rief: »Löwe, Bär und Wolf, packt an!« Da überwanden die drei den Drachen und hielten ihn fest, und der Königssohn schlug ihm die Köpfe ab. Da sagten alle, er hätte die Königstochter erlöst und bekäme sie zur Frau, und sie feierten eine große Hochzeit.

Als das Fest vorüber war, gingen sie in ihre Schlafkammer. Gerade gegenüber war ein Berg, auf dem stand ein Baum, der war voll goldener Blätter, die glitzerten und funkelten über das ganze Land, und unter dem Baum war eine goldene Quelle. Da fragte der Königssohn seine junge Frau, was das wäre, und sie erzählte es ihm. Da wollte er gleich fort, aber sie sagte: »Bleib heute nacht hier, du kannst morgen bei Tag nachsehen.« Aber als sie eingeschlafen war, machte er sich heimlich auf und ging auf den Berg. Löwe, Bär und Wolf gingen mit ihm. Als sie an den Berg kamen, saß da eine alte Frau in einem Häuschen und fragte ihn, wo er hinginge. Er sagte: »Auf den Berg zu dem goldenen Baum!« Da antwortete sie: »Ich habe so Angst vor Euren Tieren. Darf ich sie nicht an ein Garnfädchen binden?« Das erlaubte er, aber nachdem sie die Tiere angebunden hatte, schlug sie mit einer kleinen Rute auf die Garnfädchen. Da wurden sie zu einer festen Kette. Dann schlug sie ihn selbst und seine drei Tiere mit der Rute, und sie stürzten alle miteinander zu Boden und waren in Steine verwandelt.

Als das Jahr herum war, fanden sich die beiden anderen Brüder am Kreuzweg ein, wo sie sich damals getrennt hatten, und als der älteste nicht kam, wußten sie, daß er tot war. Da sagte der zweite: »Jetzt gehe ich hin und sehe, wo er ums Leben gekommen ist.« Er ging durch denselben Wald. Auch zu ihm kamen ein Löwe, ein Bär und ein Wolf, und er nahm sie mit, wie es sein Bruder getan hatte. Er kam mit ihnen zu derselben Königsstadt, und da war alles traurig, weil der junge König verschwunden war und niemand wußte, wo er sich aufhielt. Als nun der zweite Prinz mit den gleichen Tieren ankam, jubelten die Leute und riefen: »Unser junger König ist wieder da!« Da ging er gleich ins Königsschloß, denn er dachte: »Dort bekomme ich am ersten Auskunft, wo mein

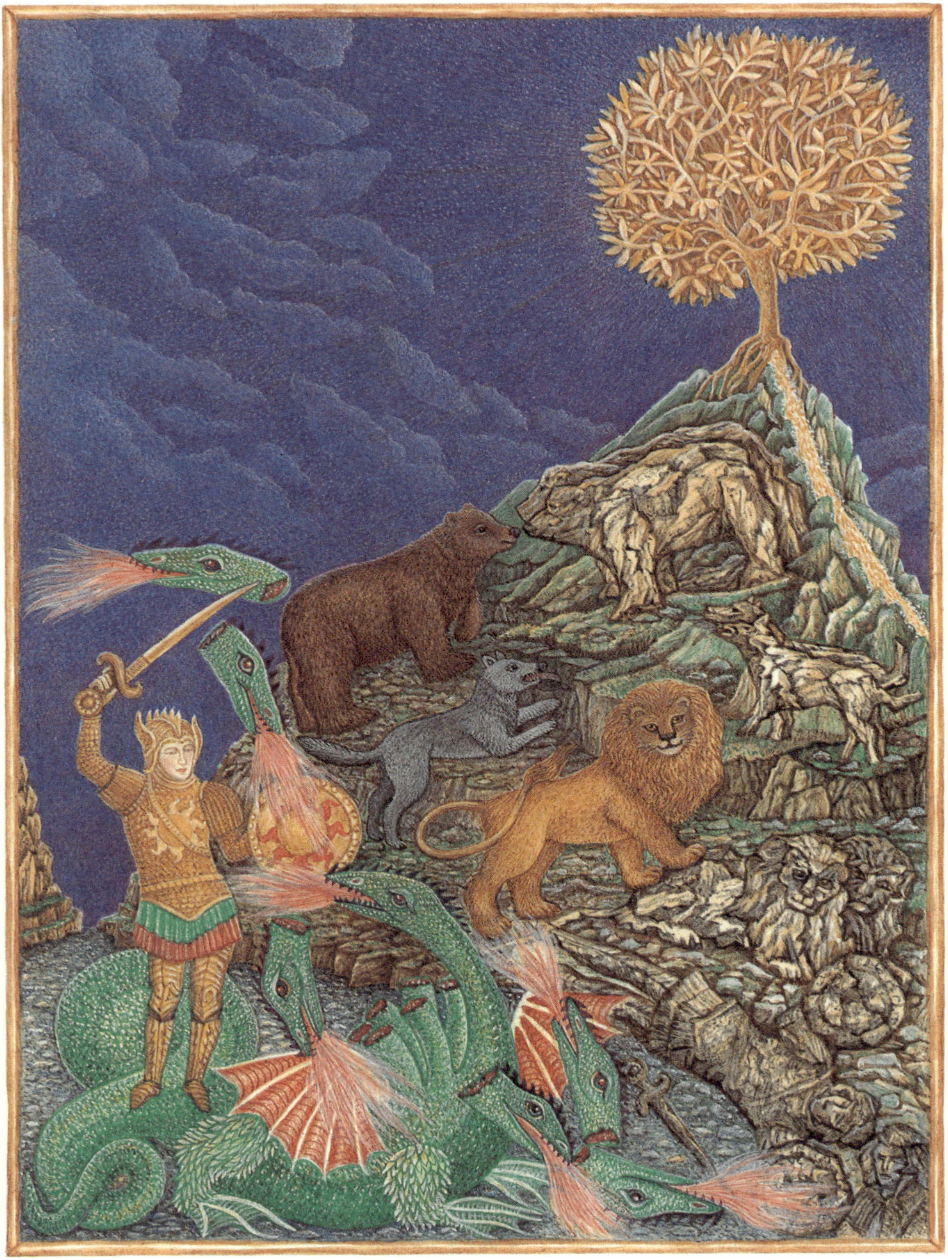

Bruder geblieben ist!« Die Königstochter nahm ihn freundlich auf, denn sie hielt ihn für ihren Mann. Als er nun am Abend schlafen ging, legte er sein Schwert zwischen sich und seine Frau. Die wunderte sich sehr, daß er das tat. Als er nun im Bett lag, sah auch er den Berg mit dem goldenen Baum. Da fragte er seine Frau, was das wäre. »Das hab' ich dir ja schon vor einem Jahr gesagt«, antwortete sie. »Ach«, dachte er, »da oben finde ich also meinen Bruder!« Und als sie eingeschlafen war, ging er zu dem Berg, um zu sehen, was das alles zu bedeuten hätte. Auch er kam mit seinen Tieren zu der alten Hexe, und sie band auch ihm die Tiere mit Garnfädchen an und verwandelte sie dann alle in Steine. Den ganzen Berg herunter lagen überall solche Steine.

Im nächsten Jahr kam der jüngste Bruder ganz allein an den Kreuzweg, an dem sich die Brüder getrennt hatten. Das rostige Schwert zeigte ihm, daß auch sein zweiter Bruder tot war. Da ging er denselben Weg, den seine Brüder gegangen waren. Ein anderer Löwe, Bär und Wolf schlossen sich ihm an, und er nahm sie mit. Als sie miteinander in die Stadt kamen, war dort lauter Jubel und Freude: »Der junge König ist wieder da! Der junge König ist wieder da!« Die Königstochter ging ihm entgegen, und weil sie ihn nicht genau ansah, meinte sie, er wäre ihr Mann, und begrüßte ihn und hieß ihn willkommen. Da waren sie alle von Herzen froh. Am Abend ging alles wie die beiden ersten Male. Auch dem jüngsten Prinzen fiel der Berg auf mit dem goldenen Baum und dem Brünnlein, und auch er fragte, was da oben wäre. »Ich hab's dir ja schon zweimal erzählt!« antwortete ihm die Prinzessin. Da dachte er: »Das ist die Spur, auf der ich meine Brüder wiederfinde«, stand auf und ging mit seinen Tieren auf den Berg.

Als er zu der alten Hexe kam, wollte sie auch seine Tiere anbinden. Das erlaubte er aber nicht und ließ sich auch sonst nicht schrecken; er drang auf sie ein und rief: »Wenn du mir nicht erzählst, wo meine Brüder sind, bringe ich dich um!« Sie wies auf die Steine und sagte: »Da liegen sie.« Der Königssohn aber sprang hinzu, packte die Hexe und rief: »Wenn du meine Brüder nicht wieder lebendig machst, schlage ich dich tot!« Da brachte sie drei Fläschchen herbei, in denen war Wasser des Lebens, Wasser der Schönheit und Wasser der Jugend.

Sie schüttete nun von dem Wasser des Lebens ein paar Tropfen auf die Steine, und jeder verwandelte sich wieder in seine frühere Gestalt. Die beiden Prinzen sprangen auf, rieben sich die Augen und sagten: »Da haben wir aber einmal gut geschlafen!« Dann brachten sie die Hexe um, gingen zusammen auf den Berg und holten den goldenen Baum. Als sie wieder herunterkamen, träufelten sie auch auf die anderen Steine, die da lagen, das Wasser des Lebens. Da wurden sie alle zu Prinzen; die hatte die Hexe verzaubert, weil sie den goldenen Baum hatten holen wollen.

Als nun die drei Brüder mit dem goldenen Baum, gefolgt von den Prinzen, Löwen, Bären und Wölfen in die Stadt und aufs Schloß kamen, wußte die Königstochter nicht, welcher von den dreien ihr rechtmäßiger Mann wäre, aber der älteste gab sich als der richtige zu erkennen. Da war eine Freude! Nicht zu beschreiben! Und dann regierte der älteste Bruder noch lange in Frieden und Gerechtigkeit, die beiden anderen aber zogen wieder heim in das Reich ihres Vaters.

DER WUNDERBAUM

Einst lebte ein König, der hatte in seinem Reich einen so hohen Baum, daß man seinen Wipfel nicht sehen konnte. Der König hätte aber gerne gewußt, wie hoch der Baum sei, und welche Art Frucht er trage. Deshalb ließ er im ganzen Königreich das folgende bekanntmachen: »Wer an den Wipfel des Baumes gelangt und die Frucht mitbringt, bekommt die Königstochter zur Frau und nach des Königs Tod noch das Königreich.« Viele Leute kamen daraufhin, um ihr Glück zu versuchen, aber keinem gelang es, und ihrer viele verunglückten, weil sie von dem Baume zu Tode stürzten.

Aber auch ein Herr, der in ferner Landschaft daheim war, machte sich auf den Weg, um sein Glück zu versuchen. Als er durch einen großen Wald kam, sah er einen Hirten und fragte ihn, ob er sich auf dem rechten Weg befinde. An den Füßen des Hirten aber nahm er eine gewisse Vorrichtung wahr, die sah wie eiserne Krallen aus. Das wunderte ihn. Der Hirt erzählte ihm, daß er damit vor den wilden Tieren auf die Bäume steige. Da bat ihn der Herr, die Kleider und jene eisernen Krallen mit ihm zu tauschen. Anfangs lachte ihn der Hirt aus, denn es wollte ihm keineswegs in den Kopf, daß der Herr seine schönen Kleider mit den zerschlissenen eines Hirten tauschen könne. Als er aber sah, daß es der Herr wirklich ernst meinte, da tauschten sie die Kleidung; als Zugabe machte ihm der Herr noch ein schönes Geldgeschenk.

Als der Herr in die Nähe der Stadt kam, kleidete er sich um, nur die eisernen Krallen behielt er. Dann trat er vor den König, verneigte sich tief und trug seinen Wunsch vor. Der König gestattete ihm, auf den Baum zu klettern.

Außer jenen eisernen Krallen nahm er für sieben Tage Mundvorrat mit. Alle schauten ihm zu und bewunderten ihn, als er so

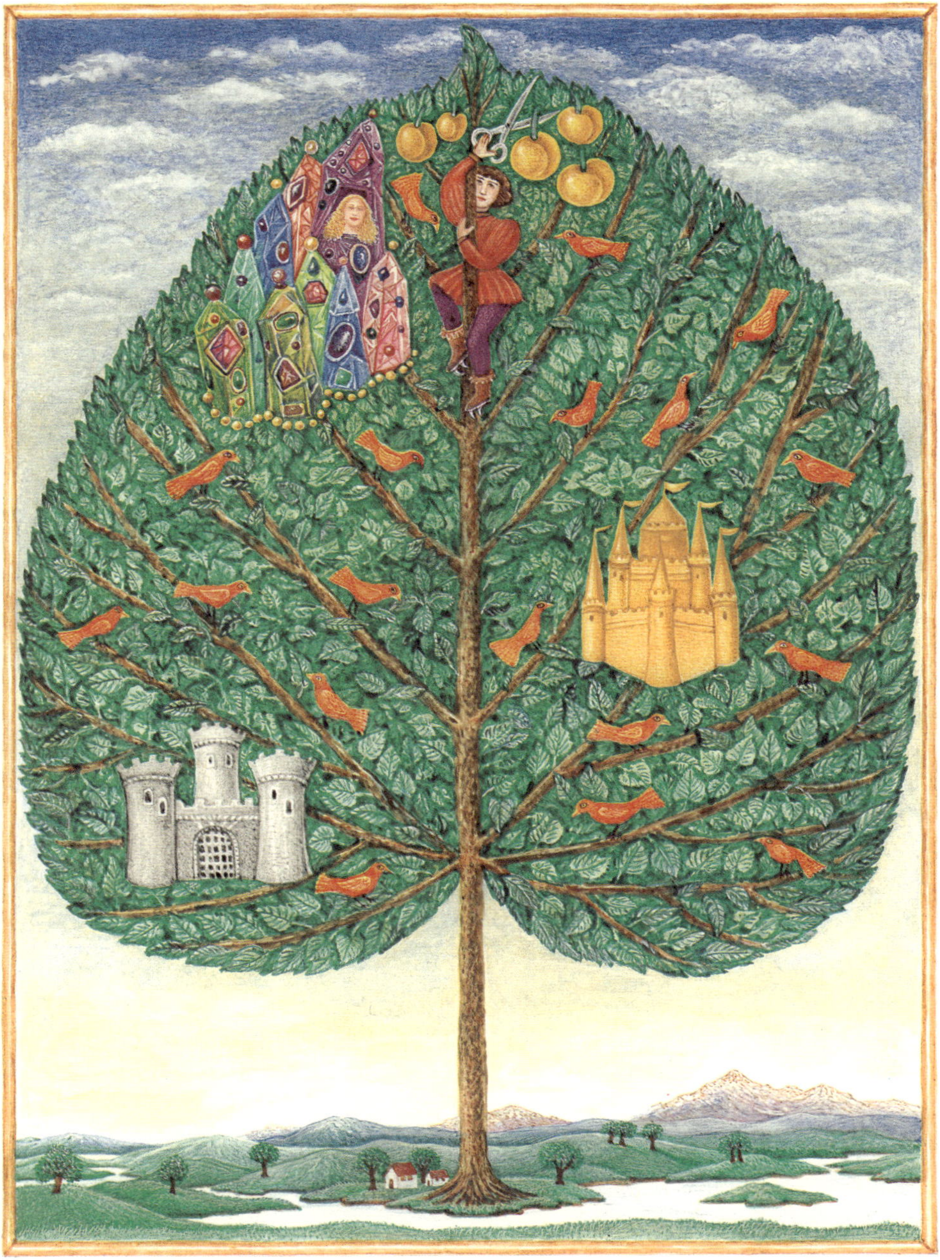

gewandt kletterte. Drei Tage und drei Nächte war er schon aufwärts geklettert, aber er sah noch nicht einmal einen Zweig. Erst am vierten Tage erblickte er hoch am Baum irgendeinen Klumpen, zu dem gelangte er aber erst am siebenten Tage. Das war indes kein Astwerk, sondern ein Schloß. Als er bis zu dem Schloß herangeklettert war, klopfte er an die eiserne Tür. Alsbald hörte er Schritte im Schloß. Ein wunderschönes Mädchen kam, um ihm zu öffnen, bat ihn als Gast ins Schloß, führte ihn in eine Halle, die mit gediegenem reinen Silber ausgeschmückt war, und bewirtete ihn mit Speise und Trank. In diesem Schlosse lebten drei verwunschene Mädchen. Er blieb über Nacht bei ihnen, denn sieben Tage und sieben Nächte hatte er nicht geschlafen.

Am anderen Morgen weckten ihn die Mädchen und bereiteten ihm ein gutes Frühstück. Danach sagte das schönste Mädchen zu ihm: »Wenn du auf den Wipfel dieses Baumes gelangen willst, dann kommst du zu zwei weiteren Schlössern. Bis zum ersten wirst du vierzehn Tage klettern, und in diesem Schloß wirst du sechs Mädchen finden. Sie werden dir sagen, wie du dich weiter verhalten mußt. Hier hast du ein Stück Brot. Sobald du hungrig, durstig oder müde wirst, lecke nur daran, und du wirst weder Hunger noch Durst oder Müdigkeit verspüren.«

Zehn Tage kletterte er Nacht und Tag und entdeckte noch nichts. Am elften Tage schimmerte etwas in der Höhe; am vierzehnten Tage aber klopfte er an die Türe des Schlosses, das aus reinem Golde war.

Hier nahmen ihn die Mädchen gerade so liebenswürdig auf wie jene im ersten Schloß, bewirteten und herbergten ihn und sagten: »Du wirst noch in ein weiteres Schloß kommen. Bis dorthin wirst du drei Wochen brauchen. Dort leben neun Mädchen, und sie werden dir Auskunft geben, wie du verfahren mußt, um auf den Wipfel des Baumes zu gelangen.« Auch sie gaben ihm Brot, an dem er nur zu lecken brauchte, um weder Hunger noch Durst oder Müdigkeit zu verspüren.

Als er zum dritten Schloß gelangte, das ganz aus Edelsteinen und prächtigen Perlen war, empfing, bewirtete und beherbergte man ihn gerade so liebenswürdig. Hier waren neun Mädchen, von denen eines goldenes Haar hatte. Das sagte ihm, daß er noch einen ganzen Monat klettern müsse, um auf den Wipfel des Baumes zu gelangen. Dann fügte sie hinzu: »Dort sind fünf goldene Früchte, drei zur Rechten und zwei zur Linken. Jene drei zur rechten Seite mußt du mit dieser Schere abschneiden. Aber wehe uns, wenn du jene auf der linken Seite abschneidest: wir Mädchen in den drei Schlössern wären verloren, denn uns hat der Böse in seiner Gewalt. Der Baum würde so gewaltig erbeben, daß er mitsamt den Schlössern in die Tiefe sinken würde. Wenn du aber deine Aufgabe gut zu Ende geführt hast, kehre auf die Erde zurück. Dort warten eine Menge Leute auf dich, neugierig, was du bringst und was du erzählst. Du aber darfst niemandem erzählen, was du gesehen und gehört hast; auch dem König selbst mußt du alles verschweigen. Am Morgen nach deiner Rückkehr auf die Erde erwarte uns auf der Hauptstraße, die längs der Stadt hinführt. Wir werden in einem Wagen ganz aus Diamanten mit goldenen Pferden gefahren kommen. Unser Wagen bewegt sich schneller als die Vögel unter dem Himmel. Wenn du ihn nur berührst, werden wir erlöst sein; wenn du ihn aber nicht berührst, bringt uns der Böse in das Schloß, das weder Fenster noch Tür hat.«

Als er auf die Erde zurückkehrte, erwarteten ihn dort eine Menge Menschen. Alle waren neugierig zu erfahren, was er auf dem Baum gesehen und getan habe. Aber nicht einmal dem König wollte er etwas erzählen oder die Früchte zeigen.

Am anderen Morgen erhob er sich, schon bevor der Tag anbrach, und erwartete den Wagen.

Als die Sonne über die Berge stieg, erblickte er in der Ferne einen kleinen Nebelfleck, der immer näher kam. Bald erkannte er den erwarteten Wagen, und in einigen Augenblicken war er schon geschwind an ihm vorüber und davongerollt, ohne daß er ihn hätte berühren können.

Nun wußte er nicht, was er beginnen sollte. Da trat er vor den

König und erzählte ihm alles. Er zeigte und gab ihm auch jene drei goldenen Früchte und sagte, er werde in die Welt gehen, um das Schloß ohne Fenster und Tür zu suchen.

Schon volle zwei Monate war er in der Welt umhergeirrt, aber von dem Schloß ohne Fenster und Tür war keine Spur zu finden.

Gegen Ende des dritten Monats verirrte er sich in einem finsteren Walde und suchte den rechten Weg, konnte ihn aber nicht finden. Gegen Morgen leuchtete etwas auf einem kleinen Hügel. Ohne Zögern ging er darauf zu. Da stand eine schon halb verfallene Hütte. Das war das Mondhaus. Er klopfte beherzt an die morsche Tür. Der rostige Riegel knirschte, und die Tür öffnete sich. Er wich einen Schritt zurück, als ihm eine Frau mit brennendem Lichtspan in die Augen leuchtete. Sie war alt wie die Welt, groß wie eine Eiche, schwarz wie angebrannte Scheite, Augen hatte sie so groß wie Maria-Theresia-Taler, Haare wie Roßhaar, und dürr war sie wie Knochen. Diese Alte war die Mondmutter. Sie blickte ihn zornig an und fragte, was er da suche.

Da erzählte er ihr, er habe den Weg verfehlt, als er das Schloß ohne Fenster und Tür suchte, und er fragte sie auch, ob sie etwa wisse, wo ein solches Schloß zu finden sei. Sie aber antwortete ihm: »Schon so viele tausend Jahre sind vergangen, seit ich niemals nur eine Stunde vom Hause fern war. Wie sollte ich um ein solches Schloß wissen? Sicher kennt es meine Tochter Luna, die jeden Tag um die ganze Welt geht. Sie darf dich aber nicht antreffen; sie würde dich in kleine Stücke reißen, wenn sie dich hier fände. Fliehe, denn sie wird gleich heimkehren!«

Der Unglückselige bat sie recht flehentlich, sie möge ihn in irgendeinem Winkel verstecken und nach dem Schloß ohne Fenster und Tür fragen und es ihm nachher sagen, wenn Luna aus dem Hause gehe.

Die Alte hatte Mitleid mit ihm und verbarg ihn unter der Stiege. Als ihre Tochter Luna nach Hause kam, fragte sie gleich, ob etwa ein Mensch im Hause sei. Die Mutter leugnete es, als aber Luna zu wüten und zu toben begann, erzählte ihr die Mutter alles und bat, sie möge sich des Unglücklichen erbarmen und ihm von einem Schloß, das weder Fenster noch Tür habe, erzählen, wenn sie davon wisse. Als der Unglückliche unter der Treppe hervorkam, hatte Luna Mitleid und sprach zu ihm: »Gerne würde ich es dir erzählen, wenn ich etwas wüßte; aber ich habe noch niemals die ganze Erde beschienen. Darum ist es möglich, daß das Schloß, das weder Fenster noch Tür hat, irgendwo in irgendeiner Einöde liegt, die mein Auge nicht gesehen hat. Mein Bruder Sonne wird es vielleicht wissen. Er bescheint mehr von der Welt als ich. Geh' zu ihm!«

Lange ging er durch den Wald, in dem das Sonnenschloß war. Als er es erreicht hatte, trat er ein. Es war nur die Sonnenmutter daheim, die aber noch viel älter und schrecklicher war als die Mondmutter. Schließlich verbarg auch sie ihn. Als Sonne abends heimkam, fing er an zu zürnen und zu toben, weil die Mutter einen Menschen im Hause verborgen habe. Als der Unglückliche das hörte, kam er selbst herbei und bat Sonne so flehentlich, daß er sich schließlich seiner erbarmte. Sonne sagte ihm: »Auch ich weiß nichts von solch einem Schloß, das weder Fenster noch Tür hat, weil auch ich nicht alle Winkel auf Erden beschienen habe. Möglich ist es aber, daß ein solches Schloß wirklich irgendwo auf Erden vorhanden ist. Wenn es da ist, wird gewiß Wind davon wissen, der alle Löcher durchstöbert. Geh doch und frage ihn!«

Drei Wochen lang suchte er das Heim der Winde. Als er es gefunden hatte, trat er ein und traf zum Glück das Oberhaupt der Winde gerade an. Er klagte ihm sein Unglück und bat ihn um Hilfe. Wind hörte ihn ruhig an. Als der Herr alles erzählt hatte, nahm das Oberhaupt der Winde ein Flötchen und ließ darauf einen so gewaltigen Pfiff ertönen, daß ihn alle Winde der Welt vernehmen mußten. Eilends stürmten sie herbei, aber sie wußten nichts von einem Schloß, das weder Fenster noch Tür hat. Nur einer von den Winden war noch nicht da, weil ihm der Fuß weh tat und er den weitesten Weg hatte. Erst eine Stunde später kam er nachgehinkt und erzählte von dem Schloß ohne Fenster und Tür.

Um sich zu überzeugen, ob das Schloß wirklich weder Fenster

noch Tür habe, machte sich das Oberhaupt der Winde ganz allein dahin auf. Er brauchte nur eine Viertelstunde für den Weg. Weil ihn der Unglückliche dauerte, befahl er, einen großen Schrein zu verfertigen, in dem er ihn barg, um ihn hinzubringen, weil er ihn selbst nicht tragen konnte. Bis zum Schloß hätte ein Mensch mehrere Jahre gehen müssen. Als der Schrein fertig war, kroch der Herr hinein, und das Oberhaupt der Winde trug ihn davon und setzte ihn vor dem Schlosse nieder. Dann kroch er durch ein Loch hinein.

Nun untersuchte Wind, ob er einen Weg hineinfände. Ganz oben auf dem Dach des Schlosses war eine kleine Öffnung. Dahinein zwängte sich Wind und tobte so ungetüm im Schloß, daß das Mauerwerk zu schwanken begann.

Im Schloß waren außer den achtzehn verwunschenen Mädchen auch noch der Teufel und seine Mutter. Wind erfaßte den Teufel mit solcher Gewalt, daß er ihn durch das kleine Loch oben hinausstieß und in der Luft völlig zerrieb, so daß nicht einmal mehr Staub von ihm übrigblieb.

Alle Mädchen außer Goldhaar aber waren tot. Unverzüglich packte Wind die Teufelsmutter und schüttelte sie so heftig, daß alle ihre Knochen klapperten. Dann mußte sie ihm sagen, wie der Teufel die Mädchen getötet habe, und sie mußte ihm auch sagen, wie man sie wieder zum Leben erwecken könne. Im Schrank hing nämlich eine Gießkanne, mit welcher man sie besprengen mußte, um sie wieder lebendig und gesund zu machen. Wind nahm die Gießkanne, besprengte eines der Mädchen, und dieses belebte sich sogleich. Dann packte er die Alte, stieß sie krachend durch die Öffnung des Daches, so daß sie noch größer wurde, und zerrieb sie wie den Teufel. Der Reihe nach belebte er die Mädchen und heilte auch Goldhaar, die schon halbtot war. Nach und nach trug er alle in seinem Schrein davon, das Schloß aber zerstörte er.

Alle Mädchen samt dem Herrn brachte Wind glücklich vor den königlichen Palast. Doch der Herr heiratete nicht die Tochter des Königs, sondern Goldhaar, mit der er noch lange, lange glücklich und zufrieden lebte.

Peter Marginter

ATLAS

Atlas hieß ein Herr von nachdenklichem Wesen, der das Gebirge gleichen Namens bewohnte und nichts Geringeres als das Himmelsgewölbe zu tragen hatte. Er nahm seine Aufgabe sehr ernst, denn er war aus alter, leider ziemlich heruntergekommener Familie, beziehungsweise – das würde man in einem solchen Fall ohne Anmaßung sagen können – aus einem Geschlecht: Er war ein Gigant und wollte zumindest in eigener Sache ein wenig Ehre einlegen. Immerhin handelte es sich um einen Vertrauensposten, den er ausfüllen durfte, und das rief er sich jeweils in Erinnerung, wenn ihn, während unzählig viele Jahre über ihn hinweggingen und in jene Vergangenheit entschwanden, in deren Grau seine Verwandten sich verloren hatten, ab und zu eine gewisse Müdigkeit überkommen wollte. Er lächelte schmerzlich, wenn jemand auf den Sturz der Giganten anspielte, und manchmal fühlte er sich recht einsam in seiner keineswegs unbeschwerten Ausnahmestellung, im Grunde aber war er zufrieden und brauchte nicht mehr als die kleinen Veränderungen, die er beobachten konnte. Lange war er vermutlich der einzige, dem sie aufgefallen waren. Die Zeiträume, in denen sie sich ereigneten, waren sehr, sehr groß, nach menschlichem Maßstab unendlich.

Natürlich, hätte Atlas dazu bemerkt, nur fast unendlich. Einen Anfang jedenfalls hat es gegeben, und darum muß es auch einmal ein Ende haben. Das verlangt die Logik, und etwas anderes wäre auch nicht auszuhalten gewesen. Der Anfang lag noch viel weiter zurück als der Sturz der Giganten, an den Atlas sich nachgerade nur mehr dunkel erinnerte. Aber auch dieser Sturz, an dem er nicht teilgenommen hatte, war ein Anfang gewesen, ebenso wie dieses Stocken seines Herzens, als er begriff, daß von nun an das Himmelsgewölbe auf seinen Schultern ruhte. Wenn er über die Schultern hinaufblickte, flimmerte es ihm vor den Augen. Unbesorgt mochte es ruhen, aber nicht für alle Ewigkeit.

Am Anfang war das Himmelsgewölbe nicht viel mehr gewesen als dieser leere Begriff, der in sich kreiste wie eine Katze, die sich in den Schwanz beißt. Später, als die Gelehrten das Griechische erfanden, hätte man das eine Tautologie genannt, vorerst freilich gab es nicht einmal eine Katze. Heute würde man sagen: Es war kein Schwanz da. Und auch das wäre richtig. Ohne Katze kein Schwanz. Aber es gab dieses Kreisen! Es dauerte lange, bis es Atlas bewußt wurde: Zunächst bestand das Himmelsgewölbe nur aus diesem Kreisen und seiner Resonanz, einer Art Summen in Atlas' Hirn. Später sprach man dann von Sphärenharmonie. Von wegen Harmonie, dachte Atlas, aber ihn fragte ja niemand. Und dazu kam noch das Augenflimmern.

Allmählich erst lernte Atlas, das Kreisen, Summen und Flimmern in Abschnitte zu zerlegen. Der Trick dabei war, daß er die Abschnitte so setzte, daß sie sich in ziemlich rascher Folge wiederholten, zwölfmal in jedem Jahr. Ohne Wiederholung wären die Abschnitte überhaupt sinnlos gewesen, so jedoch fügten sie sich zu einem hübschen Muster, das noch hübscher wurde, als Atlas sich für die einzelnen Abschnitte allerhand Wörter ausdachte und damit Dinge und Wesen, die offenbar darauf gewartet hatten, ins Dasein rief. Das Ergebnis nannte er der Einfachheit halber seinen Tierkreis, wobei ihm natürlich klar war, daß es nicht einmal in einem übertragenen Sinne Tiere waren, die da kreisten. Es war ein Muster, das sich bewegte, sozusagen ein Tanz. Oder auch ein Reigen, aber mit so vielen flimmernden Tänzern, daß man genau hinsehen mußte, um in dem Muster auch die einzelnen Figuren zu erkennen.

Der geordnete Eindruck, den der Reigen trotzdem machte,

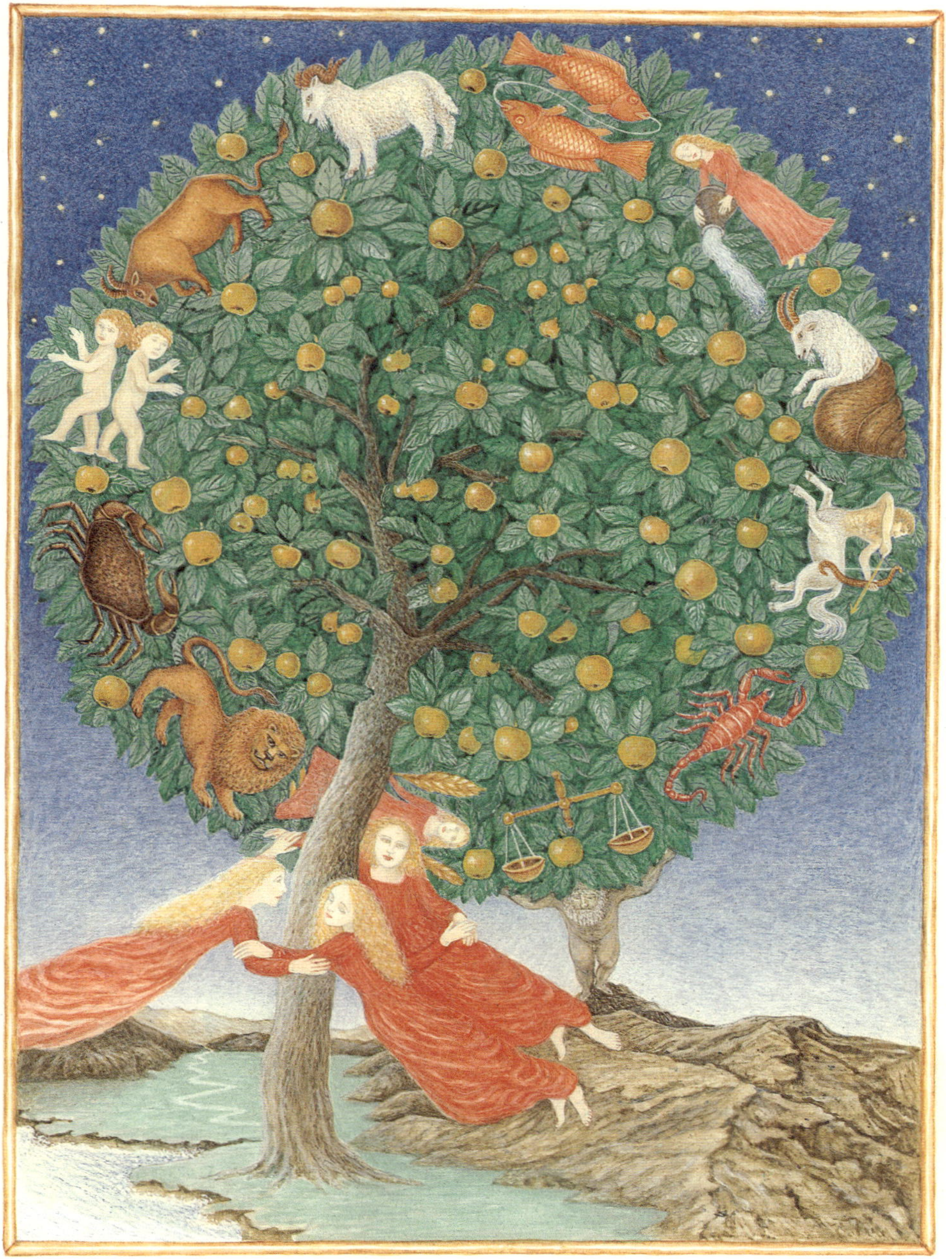

hing offenbar mit seiner Übersichtlichkeit im großen und ganzen zusammen, und da trat irgendwann eine Entwicklung ein, an deren Beginn ein Phänomen stand, das Atlas als farbigen Schimmer in Erinnerung hatte, der sich nach und nach verdichtete. Es schien ihm, als wäre ein ursprüngliches Blau mit Gold oder Gelb durchwirkt worden, aber er schloß nicht aus, daß es auch umgekehrt gewesen sein konnte, erst das Gold der Sonne und dann das Himmelsblau, mehr Gold und ein wenig Blau. Das Grün, das sich aus der Mischung von Goldgelb und Blau ergab, war anfangs ganz zart und durchsichtig wie ein Schleier, und Atlas empfand es als wohltuend, denn es lenkte ihn tagsüber von dem Geflimmer ab. Dennoch war er überrascht und beunruhigt, als ihm bewußt wurde, daß es sich nicht um eine vorübergehende Sinnestäuschung handelte. Plötzlich sah er nur mehr grün. Er hatte das Gefühl, am Rand eines grünen Meeres zu stehen, das sich zunehmend verdunkelte, nun ein anderes, eigenes Flimmern erzeugte, eine zitternde Unruhe, die wie in Wellen über seine Oberfläche lief, und anstelle des Summens hatte er nun ein ständiges Rascheln und Rauschen in den Ohren. Es war noch immer angenehm, gewissermaßen ein kühles Kitzeln, aber es drohte über die Ufer zu treten und ihn zu überschwemmen. Das Himmelsgewölbe hatte sich in eine gewaltige grüne Kugel verwandelt, um die sich der Tierkreis spannte wie ein Gürtel, der eben noch verhinderte, daß die Kugel platzte.

Atlas konnte sich nicht erklären, was da geschehen war. Er wandte die Methode an, die sich schon beim Tierkreis bewährt hatte, gab dem Grün einen Namen und sprach von Blättern und Laub, wobei er einen feinen Unterschied zwischen dem einen und dem anderen machte und beides gelegentlich zu Blattwerk und Laubwerk steigerte. Damit wurde das Problem diskutabel, aber nicht gelöst. Er überlegte, ob er sich nicht irgendeine Nachlässigkeit hatte zuschulden kommen lassen, fand aber nicht den geringsten Anhaltspunkt dafür. Sein Auftrag war es, das Himmelsgewölbe zu tragen. Es gab keine zusätzlichen Anweisungen oder

Fußnoten, gegen die er möglicherweise verstoßen hatte. Niemand hatte ihm befohlen, sich außerdem noch um den Zustand des Himmelsgewölbes zu kümmern. Nach wie vor tanzten die Tänzer des Tierkreises ihren Reigen, aber das Grünzeug war bereits so dicht, daß es immer schwieriger wurde, aus den Figuren einen Sinn herauszulesen.

So geht das nicht weiter, dachte Atlas. Er spürte, daß er auf einen kritischen Punkt zusteuerte, und war darum irgendwie erleichtert, als eines Tages ohne besondere Ankündigung ein muskulöser Kerl vor ihm stand, sich als Herkules vorstellte und etwas von Äpfeln erzählte, die er für einen gewissen Eurystheus zu besorgen habe. Kein gewöhnliches Obst, behauptete er, sondern Äpfel aus Gold und deshalb von mehreren schönen, aber leider unzugänglichen Damen bewacht, die Hesperiden genannt wurden. Und ob nicht er – das heißt: der berühmte Gigant Atlas – ihm helfen könne.

Atlas war über derlei Schmeicheleien erhaben, aber die schiere Absurdität der Frage reizte ihn. Als hätte er jemals eine Hand frei gehabt, um auch nur in der Nase zu bohren! Er sah sich diesen Herkules genauer an, vom Kopf bis zu den Füßen, und stellte widerwillig fest, daß er, was den Körperbau betraf, einem Giganten nicht viel nachstand. Die Äpfel seien nämlich dort drüben, sagte Herkules, im Garten der Hesperiden, und wenn der berühmte Gigant Atlas so gütig wäre, sein Gewölbe ein wenig anzuheben, könnte Herkules durchschlüpfen und in den Garten gelangen.

Je länger Atlas den Kerl betrachtete, desto unsympathischer wurde er ihm. Herkules! Und von Beruf ein Held! Ein Abenteurer und Scharlatan, der sich als Gigant aufplusterte. Atlas spannte seine Schultermuskeln an und tat, als wollte er tatsächlich das Himmelsgewölbe anheben. Es rührte sich nicht. Atlas schüttelte den Kopf. Gigant hin, Gigant her, meinte er, das Ding sei zu schwer. Er betrachte sich als ausgelastet. Und außerdem sei er nicht mehr der Jüngste.

Eine Weile sah Herkules dem Muskelspiel des Giganten zu und gab gute Ratschläge, die natürlich nichts bewirkten. Herkules wurde nervös. Er sei in Eile, sagte er, und er müsse die Sache möglichst rasch hinter sich bringen, um dann die nächste Heldentat zu verrichten. Von einem Giganten habe er Besseres erwartet. Atlas verdrehte die Augen und schnaufte.

»Erlauben Sie«, sagte Herkules und schob Atlas beiseite. Dann griff er in die Blätter hinein, bekam etwas Festes zu fassen und stemmte hoch. »Na also! Und jetzt machen Sie bitte schnell!«

Jeder Gebildete kennt die beiden Geschichten, die Herkules nachher in die Welt setzte, die eine völlig frei erfunden und die andere auch nicht mehr als halbwahr. Das Märchen von der bösen Schlange Ladon, die den Apfelbaum bewacht habe, nahmen ihm wohl nur die schlichten Gemüter ab, die an der lernäischen Hydra und den anderen Bestien nicht genug hatten, aber der Schwank von dem dummen Riesen Atlas, der dem schlauen Herkules, der einstweilen das Himmelsgewölbe trägt, die Äpfel aus dem Garten holt und sich in seiner Dummheit (Herkules: »Laß mich nur rasch mein Kopftuch zu einem Kissen winden, damit die Kuppel mich nicht so drückt.«) danach wieder unter das Joch begibt, hat heute noch ein dankbares Publikum. Dumme Riesen sind ein bewährtes Objekt der Volksbelustigung.

Die Wahrheit hört sich ein wenig anders an: Als Atlas sich bückte, um durch den Spalt, der sich zwischen dem Gebirge und dem grünen Gewölbe aufgetan hatte, zu kriechen, sah er, nicht minder entzückt als verblüfft, daß das gewaltige Blatt- und Laubwerk, das ihm so lange die Sicht verwehrt hatte, auf der anderen Seite in einem soliden Stamm zusammenlief. Am Fuß des Stammes, wo dieser sich, dem Augenschein durch saftiges Gras entzogen, mit dem Erdreich verband, strebten die kräftigen Wurzeln auseinander, und rundum, kaum jemals den Boden berührend, schwebten drei bezaubernde Mädchen in einem Tanz, den Atlas gewissermaßen als Spiegelung des Tierkreises verstand. Er wußte gleich, daß das keine gewöhnliche Mädchen waren, und auch sie erschraken keineswegs, als der Gigant unter dem Blätterdach heranrobbte, sondern ließen nur von ihrem Tanz ab und bildeten eine anmutige Gruppe.

»The Graces, I presume«, redete Atlas sie an. Um sich keine Blöße zu geben, gebrauchte er anstelle des Griechischen die Weltsprache.

»Not Mr. Ymir, I trust«, erwiderte das Mädchen, das die Mitte der Gruppe bildete.

»Name's Atlas«, sagte Atlas und errötete verlegen.

»Werdandi«, entgegnete das Mädchen und neigte leicht den Kopf, bevor sie die Namen ihrer Gespielinnen nannte: »Urd. Skuld. The Norns.«

Skuld schielte, aber darüber sah Atlas hinweg. Der Baum, erfuhr er, war die Weltesche Yggdrasil, der schönste und heiligste unter allen Bäumen, wenn auch nicht ungefährdet, denn es gebe da den Nidhöggr, einen widerlichen Drachen, und ein überaus lästiges Eichhörnchen, ein Ratadingsbums. Undsoweiter. Vielleicht wisse Herr Atlas dagegen einen Rat. Vielleicht habe er auch noch etwas anderes zu bieten.

»Surely«, versicherte Atlas. »It's a pleasure.«

Ein nachdrückliches Husten aus dem Hintergrund mahnte Atlas, daß er eine Aufgabe übernommen hatte, deren Erfüllung noch ausstand.

»Sorry«, sagte er, pflückte mit ein paar behenden Griffen ebenso viele goldene Äpfel von dem Baum, schwang aus und schob sie wie Kegelkugeln durch den Spalt geradewegs auf Herkules zu, der sich vor diesen Geschossen nur retten konnte, indem er hochsprang und sie unter sich durchschießen ließ.

»Aufhören!« brüllte Herkules, aber Atlas machte sich ein Vergnügen daraus, ihn weiter mit Äpfeln zu bombardieren, und Herkules hopste verzweifelt, um ihnen auszuweichen. Die verflixten Dinger fuhren ja nicht einfach glatt dahin, sondern prallten erst einmal an das Gebirge und ergingen sich in ballistischen Kurven.

Es war ein Anblick, der wahrlich ein homerisches Gelächter

verdient hätte. Bevor es jedoch dazu kam, kippte Herkules das Himmelsgewölbe von den Schultern, der Spalt schloß sich, und der Kugelhagel war zu Ende. Zu unserem Glück nicht auch die Weltgeschichte! Herkules, der allein deshalb als Held zu preisen wäre, verhinderte das Schlimmste. Seither liegt freilich die Achse des Himmelsgewölbes schief. Die Gelehrten, die diese offensichtliche Schlamperei als Ekliptik bezeichnen, haben sich darauf geeinigt, daß es die Erdachse sei, die schief liegt, aber es leuchtet ein, daß es nur auf den Standpunkt ankommt, von dem aus man den Sachverhalt betrachtet. Herkules sah keinen Anlaß, den Gelehrten zu widersprechen.

Atlas blieb, wo er war, und da nicht anzunehmen ist, daß er gestorben ist, lebt er noch heute.

DAS LORBEERKIND

Es waren einmal ein Mann und eine Frau, die bekamen keine Kinder und waren darüber sehr betrübt. Einstmals baten sie den lieben Gott, er möchte ihnen ein Kind geben und wäre es auch nur ein Lorbeerkern. Der liebe Gott erhörte ihr Gebet, und der Leib der Frau wurde gesegnet. Als aber ihre Zeit herankam, da gebar sie einen Lorbeerkern. Die Weiber, welche ihr beistanden, merkten das nicht, und trugen ihn mit dem Weißzeuge zur Wäsche. Während sie wuschen, fiel der Lorbeerkern zu Boden, und es ward daraus ein goldner Lorbeerbaum, dessen Gezweige wie die Sonne glänzte. Von weit und breit kamen nun die Prinzen herbei, um diesen goldnen Lorbeerbaum zu betrachten, und einer von ihnen schlug sein Zelt hart an dessen Wurzel auf, und ging dann mit den andern Prinzen auf die Jagd. Sein Koch aber blieb zurück, um die Speisen zu bereiten, und als diese fertig waren, ging auch er weg, um sich ein bißchen umzusehen.

Da rief es im Baume: »Mein Lorbeer von oben, mein Lorbeer von unten, tu dich auf, damit ich heraus kann«; und es öffnete sich die Rinde des Baumes, und kam ein wunderschönes Mädchen heraus, das sah sich überall um, aß von allen Speisen, nahm dann eine Hand voll Salz und versalzte sie alle, ging wieder zum Baum und sprach: »Mein Lorbeer von oben, mein Lorbeer von unten, tu dich auf, damit ich hinein kann!« Und der Baum öffnete sich, und sie schlüpfte hinein.

Zu Mittag kam der Prinz zurück, um zu essen, und fand die Speisen so versalzen, daß sie ungenießbar waren. Da packte er seinen Koch, und wollte ihn umbringen; der aber jammerte und schrie: »Gnade, Gnade, o Herr! ich bin nicht schuld daran, ich hab es nicht getan!« Da kamen auch die andern Prinzen herbei und baten für den Koch, daß er ihn leben lassen und ihm verzeihen möge.

Tags darauf tat der Koch kein Körnchen Salz in die Speisen, und als er fertig war, ging er wieder spazieren; das Lorbeerkind machte es aber wie das erste Mal, und als der Prinz zurückkam und essen wollte, da fand er die Speisen noch versalzener als den Tag vorher und begriff nun, daß sein Koch nicht schuld daran sei, sondern jemand anders ihm diesen Streich spiele. Deswegen zankte er ihn diesmal nicht aus, sondern sagte ihm nur: »Wenn du morgen das Essen gekocht hast, so geh' weg und ich will hier bleiben, um zu sehen, wer uns das antut.«

Des andern Tags ging der Koch weg, nachdem er fertig war, und der Prinz versteckte sich hinter dem Lorbeerbaum. Da hörte er plötzlich eine Stimme von innen, welche sprach: »Mein Lorbeer von oben, mein Lorbeer von unten, tu dich auf, damit ich heraus kann!« Und drauf trat das Mädchen aus dem Baum, aß von allen Speisen, und wie es nach dem Salz griff, sprang der Prinz hervor, faßte sie, und sprach: »Also du bist's, die mir das antut?« Drauf trug er sie in sein Zelt und umarmte sie und küßte sie, tat dann, als wollte er ein bißchen spazierengehn, und ließ sie dort allein.

Da lief das Mädchen weinend zu seinem Baume und sprach: »Mein Lorbeer von oben, mein Lorbeer von unten, tu dich auf, damit ich hinein kann!« Der Baum aber antwortete: »Du bist gezwickt, du bist geküßt, in den Baum kommst du nimmermehr!« Und nachdem er das gesagt, vertrocknete er auf einmal. Als der Prinz sah, daß der Baum vertrocknet war, wunderte er sich sehr, wie das möglich sei, ging in das Zelt zurück und koste mit dem Mädchen, und am Abend ließ er Zitronen- und Apfelsinensträucher schneiden und das Lager daraus bereiten. Und nachdem das Mädchen eingeschlafen war, machte er sich heimlich auf und ließ sie zurück.

Als am andern Morgen das Mädchen erwachte und den Prinzen nicht fand, machte sie sich auf, um ihn zu suchen. Unterwegs begegnete sie einem Derwisch und sprach zu ihm: »Lieber Vater, wenn ich dir meine goldnen Kleider gebe, gibst du mir dafür die

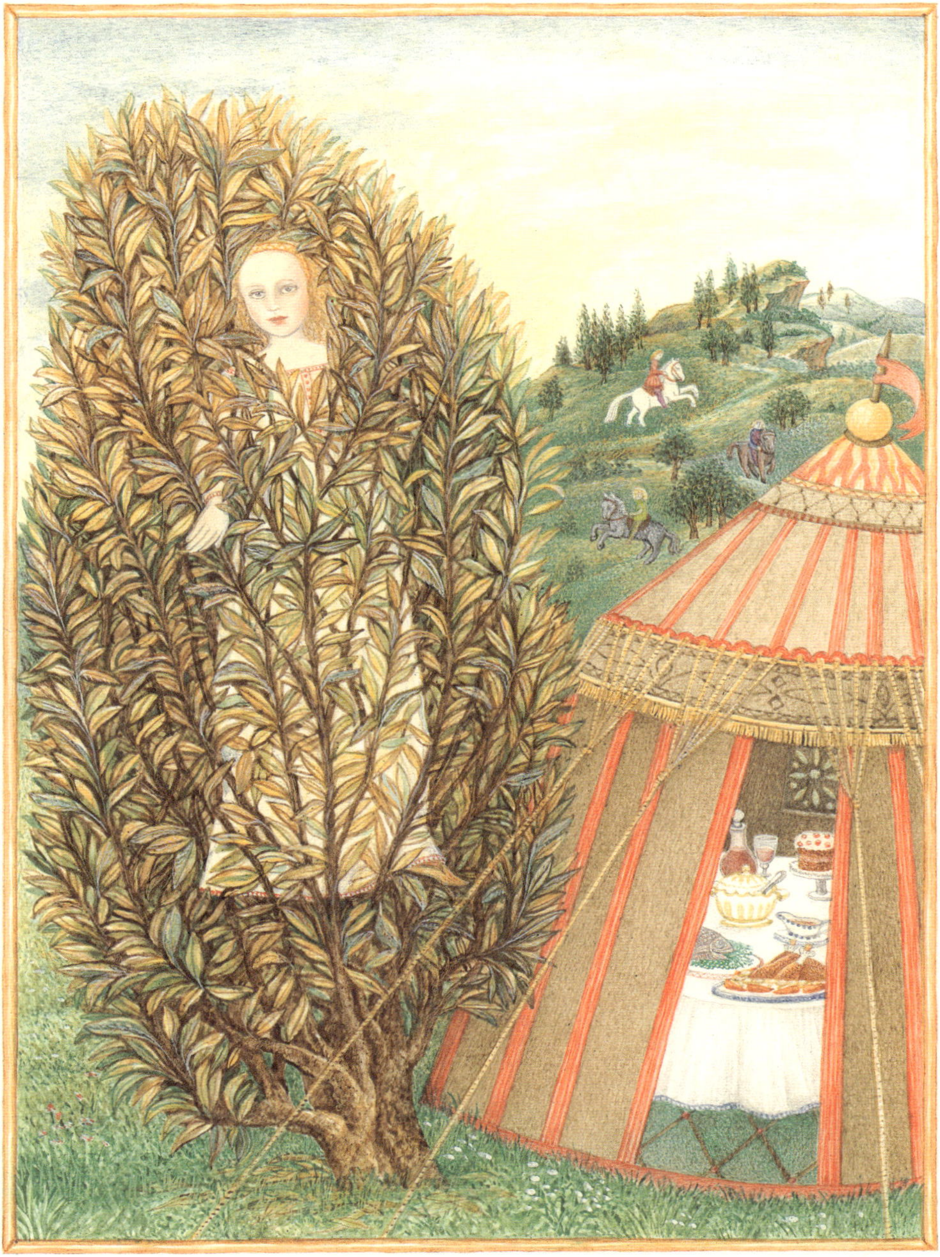

deinen und dein Pferd?« – »Meinetwegen«, erwiderte der Derwisch. Sie tauschten also ihre Kleider, und das Mädchen stieg auf das Pferd und trieb es so wacker an, daß es den Prinzen einholte. Da sagte der Prinz: »Erzähle mir, Herr, was du auf deinem Wege gesehen hast.« Und sie antwortete: »Ich sah ein Mädchen, welches weinte, seufzte und sagte: Ihr Zitronen- und Orangenzweige, was habt ihr mir angetan, daß ich mein Glück verloren?«

Als das der Prinz hörte, seufzte er. Nachdem sie ein gutes Stück weiter geritten, fragte der Prinz dasselbe und erhielt dieselbe Antwort und seufzte wiederum. Der Prinz aber gewann den falschen Derwisch lieb, lud ihn ein, mit ihm nach Hause zu ziehn, und sagte: »Ich bin verlobt und mache nächstens Hochzeit und möchte dich dabei haben.« Sie zogen also miteinander, und wie sie ankamen, gab der Prinz dem Derwisch ein besonderes Gemach. Drauf begann die Hochzeitsfeier, und man brachte die Braut herbei. Das Lorbeerkind versteckte sich aber in dem Wandschrank des Saales, wo das Paar getraut werden sollte, zog seinen Derwischanzug aus und legte goldene Kleider an. Und als es fertig war, leuchtete es wie die Sonne, ging in den Saal und verbreitete einen solchen Glanz, daß alle Welt geblendet wurde. Wie sie der Prinz erblickte, erkannte er sie und sagte zu den Schwiegereltern: »Nehmt die Braut und bringt sie in ihr Vaterhaus zurück, denn ich will mit diesem Stern leben, so wie ich es gewohnt bin.« Und darauf wurden sie getraut und lebten glücklich miteinander.

VON DEM MACHANDELBOOM

Das ist nun schon lange her, wohl an die zweitausend Jahre, da lebte hier ein reicher Mann, der hatte eine schöne fromme Frau; sie liebten sich sehr, bekamen aber keine Kinder, die sie sich brennend wünschten. Die Frau betete Tag und Nacht um die Erfüllung ihres heißen Verlangens, doch es gab kein Kind für sie und gab keins. Vor ihrem Haus war ein Hof, da gedieh ein Machandelbaum, unter dem träumte die Frau einmal mitten im Winter und gönnte sich einen Apfel, und wie sie so die reife Frucht mit dem Messer teilte, schnitt sie sich in den Finger, und ihr Blut fiel in den Schnee. »Ach«, rief die Frau und seufzte so recht tief auf, sah ihr Blut tropfen und sann wehmütig, hätte ich doch ein Kind, so rot wie Blut und so weiß wie Schnee. Da wurde ihr gleich froh zumute, und ihr war grad so, als solle das was werden. Sie kehrte ins warme Haus zurück. Es lief ein Mond vorbei, der Schnee schmolz, ein zweiter Mond kam, es grünte überall, im dritten Mond sprossen die Blumen aus der Erde, nach vier Monden wuchsen die Bäume ins Holz, die jungen Zweige umarmten einander, es sangen die Vögelchen, daß der Wald schallte, die Blüten fielen von den Ästen, da schien der fünfte Mond, die Frau träumte wieder unter dem Machandelbaum, der roch so schön, es sprang ihr das Herz vor Freude, sie fiel auf die Knie und konnte sich und die Welt nicht fassen, als der sechste Mond unterging, da kamen alle Früchte prall und voll Saft, die Frau wurde ganz still, doch im siebten Mond griff sie nach den Machandelbeeren, verschlang sie gierig im Baumschatten und wurde traurig und krank. Es kam und schwand der achte Mond, sie rief ihren Mann, weinte und sagte: »Wenn ich sterbe, so begrabe mich unter dem Machandelbaum.« Das ließ sie getrost sein, sie freute sich, bis der neunte Mond da war. Da kam das Kind, so weiß wie der Schnee und so rot wie Blut. Als sie ihren Traum sich erfüllen sah, freute sie sich so übermächtig, daß sie starb.

Da begrub der Mann seine Frau unter dem Machandelbaum. Er weinte sehr, eine Zeitlang, dann beruhigte er sich, und als er noch etwas geweint hatte, hörte er auf zu weinen, und nach noch einer Zeit nahm er sich wieder eine Frau.

Mit dieser zweiten Frau bekam der Mann bald eine Tochter. Das Kind der ersten Frau war aber ein kleiner Sohn und wuchs heran, so rot wie Blut und so weiß wie Schnee. Wenn die zweite Frau ihre Tochter ansah, hatte sie ihr Kind schrecklich lieb, doch wenn sie das andere Kind, den kleinen Jungen, den Sohn der ersten Frau wahrnahm, drückte ihr schon sein Schatten das Herz. Der kleine Stiefsohn war ihr überall im Weg, und sie grübelte schließlich immerzu, wie sie ihrer Tochter allein das Vermögen des Vaters der beiden Kinder vermachen könnte. Das Böse ging in ihr auf, daß sie dem kleinen Jungen ganz gram wurde und ihn herumstieß von einer Ecke in die andere. Sie puffte ihn hier und knuffte ihn dort, so daß das arme Kind nur noch in Angst lebte. Wenn es aus der Schule kam, hatte es kein Heim.

Einst war die böse Frau in ihre Kammer gegangen, da kam die Tochter zu ihr und sagte: »Mutter, gib mir einen Apfel.« »Ja, mein Kind«, antwortete die Frau und gab der kleinen Tochter einen schönen Apfel aus der alten Apfelkiste. Die Kiste aber hatte einen großen schweren Deckel mit einem messerscharfen Schloß. »Mutter«, fragte die kleine Tochter, »soll Brüderchen nicht auch einen Apfel haben?« Das Ansinnen umdüsterte die Frau, doch überwand sie sich und versprach: »Ja, wenn Brüderchen aus der Schule kommt, soll er seinen Apfel haben.« Doch als die Frau durch das Fenster das Stiefkind kommen sah, fiel sie ganz in die Gewalt des Bösen. Sie nahm der Tochter den schönen Apfel wieder weg und sagte: »Du darfst nicht eher einen Apfel haben als

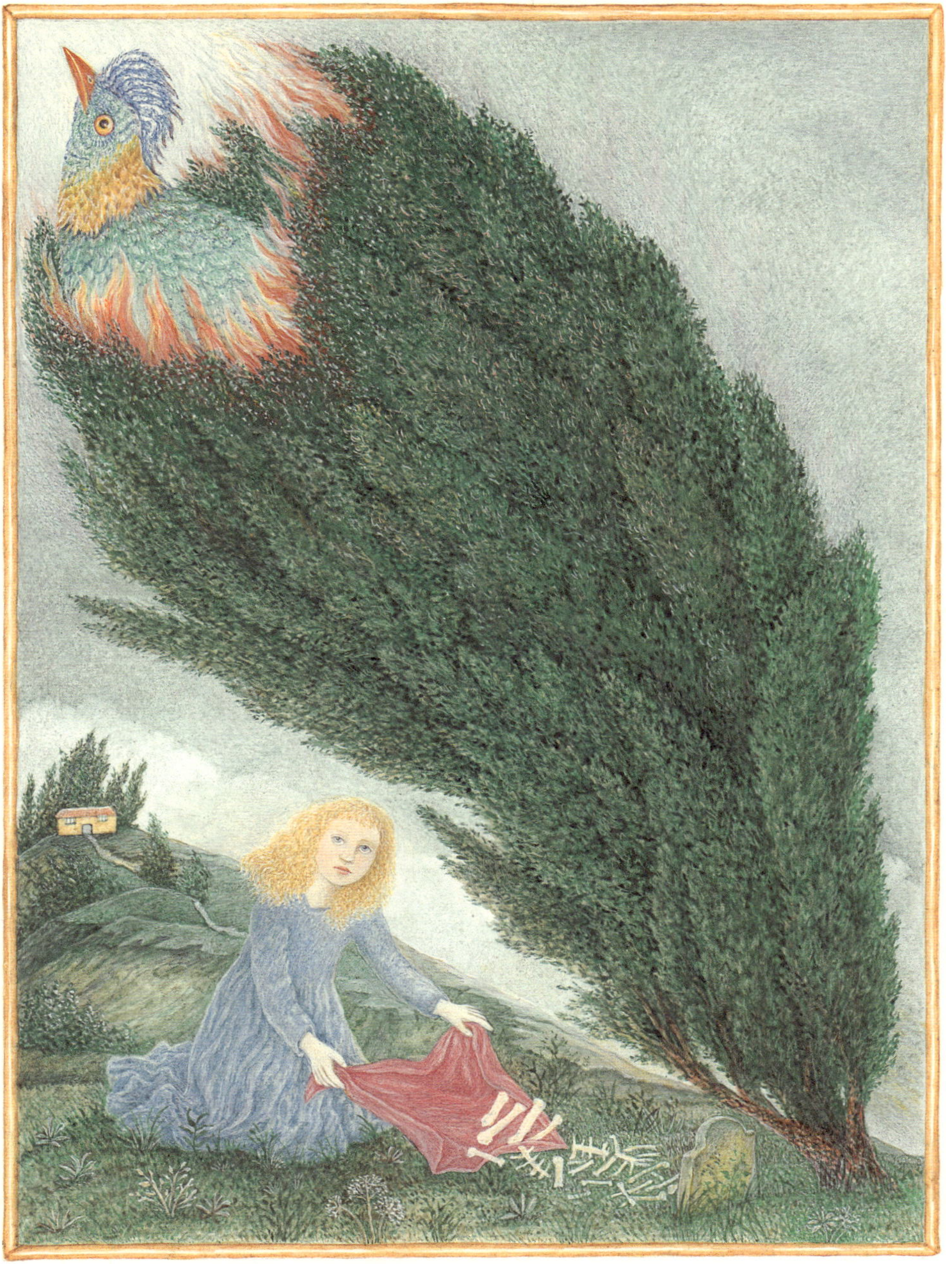

dein Bruder.« Sie warf den Apfel zurück in die Kiste und drückte den Deckel zu. Da kam der kleine Junge in die Kammer, und das Böse gab der Frau ein, daß sie das Kind freundlich fragte: »Mein Sohn, willst du vielleicht einen Apfel haben?« Dabei sah sie den Knaben sehr gruselig an. »Mutter«, erschrak der kleine Junge, »was siehst du böse aus! Ja, gib mir einen von unseren Äpfeln.« Da mußte die falsche Mutter ihm schmeicheln, ihn recht einlullen. »Komm mit«, sagte sie und schloß die Apfelkiste auf. »Nimm dir einen Apfel!« Und als sich der kleine Junge in die Kiste bückte, ritt der Teufel die Frau, und pratsch! schlug sie den schweren Deckel der Apfelkiste zu, daß der Kopf des Knaben wie abgeschnitten vom Hals unter die roten Äpfel fiel. Da überkam die Frau gleich die Angst, und sie sann, wie kann ich das von mir stoßen, was ich getan habe. Sie eilte zu ihrer Kommode und holte aus der obersten Schublade ein weißes Tuch, setzte den Kopf des ermordeten Sohnes zurück auf den Hals, knüpfte das weiße Tuch so fest, daß man die Wunde nicht sehen konnte, setzte das Kind vor die Haustür auf einen Stuhl und gab ihm einen Apfel in die Hand.

Da lief das Marlenchen in die Küche zu ihrer Mutter, die beim Herdfeuer stand und einen Topf mit heißem Wasser vor sich hatte, das sie immerzu umrührte. »Mutter«, schrie Marlenchen, »Brüderchen sitzt vor der Tür, sieht ganz weiß aus und hat einen Apfel in der Hand. Ich tat ihn bitten, mir den Apfel zu geben, aber er antwortete mir nicht und mir wurde ganz gruselig.« »Geh nochmal hin«, riet die Mutter, »und wenn er dir nicht antworten will, so gib ihm eins hinter die Ohren.« Da lief Marlenchen zurück und rief: »Bruder, gib mir den Apfel!« Aber der Bruder schwieg, Marlenchen schlug ihm eins auf die Ohren. Da fiel der Kopf des Brüderchens vom Hals. Marlenchen erschrak heftig und fing an zu stöhnen und zu weinen. Sie stürmte zu ihrer Mutter und würgte: »Ach Mutter, ich habe meinem Bruder den Kopf abgeschlagen!« Das Mädchen weinte und weinte und wollte nicht ruhig werden. »Marlenchen«, schalt die Mutter, »was hast du getan! Aber sei nun still, daß es kein Mensch merkt. Es ist doch nicht zu ändern! Wir wollen ihn sauer kochen.« Geschäftig nahm die Mutter den toten kleinen Jungen und hackte ihn in Stücke, tat die in den Topf und kochte sie sauer. Marlenchen aber stand neben dem Herd, weinte und weinte, und ihre Tränen fielen alle in den Topf, daß Mutter und Tochter gar kein Salz für die Suppe brauchten.

Hungrig kam der Vater nach Hause. Er setzte sich zu Tisch und fragte: »Wo ist denn mein Sohn?« Doch schon trug die Mutter eine große Schüssel mit appetitlich dampfendem Schwarzsauer auf. Aber Marlenchen weinte weiter und konnte die Tränen nicht halten. Da fragte der Vater wieder: »Wo ist denn mein Sohn?« »Ach«, antwortete die Mutter, »er ist über Land gegangen, nach Muttern ihren Großonkel, er will dort etwas bleiben.« »Was soll denn das? Er hat mir nicht einmal ade gesagt«, zürnte der Vater. »Oh, er wollte so gern hin und vielleicht sechs Wochen bleiben; er ist dort ja wohl gut aufgehoben«, versuchte die Frau den Mann zu besänftigen. Der klagte aber weiter: »Mir ist schon traurig! Das ist nicht recht, er hätte mir doch ade sagen sollen.« Er fing aber an zu essen und fragte: »Marlenchen, was weinst du? Dein Bruder wird ja wiederkommen.« Und dann sagte er, »wie schmeckt mir das Essen gut! Gib mir mehr!« Und je mehr er aß, desto mehr wollte er haben. Immer wieder forderte er mehr und tobte fast: »Ihr sollt nichts davon abhaben, das ist, als wenn alles mein Fleisch wäre.« Er fraß und fraß, die Knochen warf er unter den Tisch, bis alles aufgegessen war. Marlenchen aber ging zu ihrer Kommode und nahm aus dem untersten Schubfach ihr bestes seidenes Tuch, holte all die Beinchen und Knorpel unter dem Tisch hervor, band sie in das seidene Tuch, trug alles vor die Tür und weinte wieder blutige Tränen. Sie legte das Tuch mit den Knochen unter den Machandelbaum in das grüne Gras. Da war ihr auf einmal so richtig leicht ums Herz, und sie weinte nicht mehr. Der Machandelbaum fing an sich zu rühren, seine Zweige schüttelten sich voneinander weg und trafen wieder zusammen, so richtig wie einer, der sich recht freut und in die Hände klatscht. Da stieg ein Rauch von dem Baum, der wie ein Feuer brannte, und aus dem Feuer und Rauch flog ein wunderschöner Vogel, der herrlich sang und hoch in die Luft flatterte. Da wurde der Machandelbaum wieder ruhig und schön, wie er vorher gewesen war. Das Tuch mit den Beinchen und Knorpeln war wie vom Erdboden verschwunden, und Marlenchen war frei und vergnügt, so recht, als ob der Bruder noch lebte. Sie ging ganz lustig in das Haus zurück zum Tisch.

Der Vogel aber flog frei, setzte sich auf eines Goldschmieds Haus und fing an zu singen:

»Mein' Mutter, die mich schlacht',
mein Vater, der mich aß,
mein' Schwester, das Marlenchen,
sucht alle meine Beinchen,
bind't sie in ein seiden Tuch,
legt's unter den Machandelbaum.
Kywitt, kywitt, was für'n schöner Vogel bin ich!«

Der Goldschmied arbeitete in seiner Werkstatt und schmiedete eine goldene Kette. Da hörte er den Vogel, der auf dem Dach saß und sang, und das dünkte dem Meister so schön. Er stand auf, eilte über die Schwelle und verlor dabei einen Pantoffel. Er lief mitten auf die Straße, einen Pantoffel und einen Socken an: sein Schurzfell hatte er vorgebunden, in der Hand hielt er die goldene Kette und in der anderen die Zange; und die Sonne schien hell auf die Straße. Er blieb gerade so stehen und sprach den Vogel an: »Vogel, wie schön kannst du singen! Sing mir das Lied nochmal.« – »Nein«, sagte der Vogel, »zweimal sing' ich nicht umsonst. Gib mir die goldene Kette, so will ich es dir nochmal singen.« »Da«, sagte der Goldschmied, »hast du die goldene Kette, nun sing mir das nochmal.« Da kam der Vogel, nahm die goldene Kette mit der Kralle, setzte sich vor den Goldschmied und sang:

>»Mein' Mutter, die mich schlacht',
mein Vater, der mich aß,
mein' Schwester, das Marlenchen,
sucht alle meine Beinchen,
bind't sie in ein seiden Tuch,
legt's unter den Machandelbaum.
Kywitt, kywitt, was für'n schöner Vogel bin ich!«*

Dann flog der Vogel weiter zu einem Schuster, setzte sich auf ein Dach und sang:

>»Mein' Mutter, die mich schlacht',
mein Vater, der mich aß,
mein' Schwester, das Marlenchen,
sucht alle meine Beinchen,
bind't sie in ein seiden Tuch,
legt's unter den Machandelbaum.
Kywitt, kywitt, was für'n schöner Vogel bin ich!«*

Der Schuster hörte das, lief in Hemdsärmeln vor seine Tür und sah nach seinem Dach; er mußte die Hand vor die Augen halten, daß die Sonne ihn nicht blendete. »Vogel«, sagte er, »was kannst du so schön singen.« Dann rief der Schuster in sein Haus: »Frau, komm mal heraus, da ist ein Vogel, sieh mal den Vogel, der kann so schön singen.« Drauf rief er seine Tochter, Kinder und Gesellen, Lehrlinge und Magd, und sie kamen alle auf die Straße und sahen den Vogel an, wie schön er war. Er hatte ganz prächtige rote und grüne Federn, um den Hals glänzte lauter Gold, und seine Augen blinkten wie Sterne. »Vogel«, sagte der Schuster, »nun sing mir das Lied nochmal.« »Nein«, sagte der Vogel, »zweimal sing' ich nicht umsonst, du mußt mir was schenken.« »Frau«, sagte der Mann, »geh auf den Speicher, dort stehen auf dem obersten Brett ein paar rote Schuh', die bring herunter.« Die Frau ging und holte die Schuhe. »Da, Vogel«, sagte der Mann, »nun sing mir das Lied nochmal.« Da kam der Vogel, nahm die Schuhe mit der linken Kralle und flog wieder auf das Dach und sang:

> *»Mein' Mutter, die mich schlacht',*
> *mein Vater, der mich aß,*
> *mein' Schwester, das Marlenchen,*
> *sucht alle meine Beinchen,*
> *bind't sie in ein seiden Tuch,*
> *legt's unter den Machandelbaum.*
> *Kywitt, kywitt, was für'n schöner Vogel bin ich!«*

Und als er gesungen hatte, flog er fort: die goldene Kette hatte er in der rechten und die roten Schuhe in der linken Kralle. Er flog weit weg zu einer Mühle. Die Mühle ging: »Klippe klappe, klippe klappe, klippe klappe.« In der Mühle saßen zwanzig Müllerburschen, die hatten jeder einen Stein und hackten: »Hick hack, hick hack, hick hack«, und die Mühle ging: »Klippe klappe, klippe klappe, klippe klappe.« Dort setzte sich der Vogel auf einen Lindenbaum, der vor der Mühle stand und sang:

> *»Mein' Mutter, die mich schlacht'«,*

da horchte ein Geselle auf,

> *»mein Vater, der mich aß«,*

da horchten noch zwei auf und hörten,

> *»mein' Schwester, das Marlenchen«,*

jetzt lauschten noch vier und hörten zu,

> *»sucht alle meine Beinchen,*
> *bind't sie in ein seiden Tuch«,*

da hackten nur noch acht das Korn,

> *»legt's unter«*

jetzt waren's nur noch fünf

»*den Machandelbaum*«.

Und nur noch einer blieb.

»*Kywitt, kywitt, was für'n schöner Vogel bin ich!*«

Da ließ auch der letzte Geselle das Hacken und hatte nur noch den Schluß gehört. »Vogel«, sagte er, »was singst du schön! Laß mich das auch hören, sing mir das nochmal.« »Nein«, sagte der Vogel, »zweimal sing' ich nicht umsonst, gib mir den Mahlstein, so will ich nochmal singen.« »Ja«, sagte der Geselle, »wenn wir dir alle zuhören wollen, sollst du ihn haben.« »Ja«, sagten die andern, »wenn er nochmal singt, so soll er ihn haben.« Da kam der Vogel herunter, und alle zwanzig Müllerburschen saßen wie vor einer Bühne neben dem schweren Stein: »Hu up uhp, hu up uhp, hu up uhp!« Da steckte der Vogel den Hals durch das Loch im Stein, trug ihn wie einen leichten Kragen, flog wieder auf den Baum und sang:

> »*Mein' Mutter, die mich schlacht',*
> *mein Vater, der mich aß,*
> *mein' Schwester, das Marlenchen,*
> *sucht alle meine Beinchen,*
> *bind't sie in ein seiden Tuch,*
> *legt's unter den Machandelbaum.*
> *Kywitt, kywitt, was für'n schöner Vogel bin ich!*«

Und als er das zu Ende gesungen hatte, da breitete er die Flügel auseinander, hielt in dem rechten Fuß die goldene Kette, im linken die roten Schuhe, um den Hals den Mahlstein und flog wieder zu seines Vaters Haus.

In der Stube saßen der Vater, die Mutter und das Marlenchen bei Tisch. Der Vater sagte: »Ach, wie wird mir leicht, mir ist so recht gut zumute.« »Nein«, sagte die Mutter, »mir ist so richtig bang, so recht, wie wenn ein schweres Gewitter kommt.« Marlenchen aber saß und weinte und weinte; da kam der Vogel geflogen, und als er sich auf das Dach setzte, sagte der Vater: »Ach, mir ist so recht froh, und die Sonne scheint draußen so schön, mir ist richtig, als sollte ich einen alten Bekannten wiedersehen.« »Nein«, sagte die Frau, »mir ist so bang, die Zähne klappern mir und es brennt mir das Blut in den Adern wie Feuer.« Und sie riß sich ihr Leibchen auf und noch mehr. Marlenchen aber saß im Eck und weinte und hielt sich das Tuch vor die Augen; sie weinte so sehr, daß das Tuch ganz naß wurde. Da setzte sich der Vogel auf den Machandelbaum und sang:

»Mein' Mutter, die mich schlacht'«,

Da hielt sich die Mutter die Ohren zu, kniff die Augen zusammen und wollte nichts mehr sehen und hören, aber es brauste ihr in den Ohren wie der allerstärkste Sturm; die Augen brannten ihr und zuckten wie beim Blitz.

»mein Vater, der mich aß«,

»Ach, Frau«, sagte der Mann, »da ist ein schöner Vogel, der singt so herrlich, die Sonne scheint so warm, alles glänzt und funkelt, und es riecht wie lauter Zimtkuchen an Weihnachten.«

»mein' Schwester, das Marlenchen«,

Da legte Marlenchen den Kopf auf die Knie und weinte in ihren Schoß. Der Mann aber sagte: »Ich geh' raus, ich muß den Vogel ganz nah sehen.« »Ach, geh nicht«, sagte die Frau, »mir ist als bebte das ganze Haus und stünde in Flammen.« Aber der Mann ging hinaus und sah den Vogel an.

»sucht alle meine Beinchen,
bind't sie in ein seiden Tuch,
legt's unter den Machandelbaum.
Kywitt, kywitt, was für'n schöner Vogel bin ich!«

Da ließ der Vogel die goldene Kette fallen, und sie fiel dem Mann genau um den Hals, so gut, daß sie recht schön paßte. Da ging der Mann in die Stube zurück und sagte: »Sieh mal, was das für ein herrlicher Vogel ist; er hat mir eine so schöne goldene Kette geschenkt, und er sieht selbst so schön aus.« Der Frau aber war so bang, daß sie hinfiel, und die Haube rutschte ihr vom Kopf. Da sang der Vogel weiter:

»*Mein' Mutter, die mich schlacht'*«,

»Ach«, jammerte die Frau, »daß ich tausend Klafter unter der Erde wäre, daß ich das nicht hören muß!« Und sie schlug um sich.

»*mein Vater, der mich aß*«,

Da lag die Frau wie tot.

»*mein' Schwester, das Marlenchen*«,

»Ach«, lauschte Marlenchen, »ich will auch hinausgehen und sehen, ob der Vogel mir was schenkt?« Da ging sie hinaus.

»*sucht alle meine Beinchen,
bind't sie in ein seiden Tuch*«,

Da warf der Vogel ihr die Schuhe herab.

»*legt's unter den Machandelbaum.
Kywitt, kywitt, was für'n schöner Vogel bin ich!*«

Da war ihr so leicht und froh. Sie zog die neuen roten Schuhe an und tanzte und sprang herum. »Ach«, sagte sie, »ich war so traurig, als ich hinausging, und nun ist mir so leicht! Das ist mal ein lieber Vogel, hat mir ein Paar rote Schuhe geschenkt.«

»Nein«, schrie die Frau und sprang auf, daß ihr die Haare wie Feuer standen. »Mir ist, als soll die Welt untergehen, ich will auch hinaus, damit mir leichter wird.« Gerade als sie aus der Tür trat, pratsch! warf ihr der Vogel den Mahlstein auf den Kopf, daß sie augenblicklich zerdrückt wurde. Der Vater und Marlenchen hörten den Schlag und liefen hinaus. Da schlugen Rauch und Flammen aus der Erde empor, und als das vorbei war, stand da der kleine Bruder. Er nahm seinen Vater und Marlenchen bei der Hand, und alle drei waren so recht froh und glücklich und gingen ins Haus zum Tisch und aßen.

                                  Nacherzählt von Wolfgang Koeppen

WIE DIE TRAUERWEIDE
ENTSTANDEN IST

Ein reicher Mann lauste seiner Tochter den Kopf und fand eine große Laus. Er setzte sie unter einen Topf und ließ sie wachsen. Und die Laus wuchs, bis sie so groß war wie eine Katze. Da tötete er sie, und aus der Haut machte er seiner Tochter Schuhe. Dann rief er alles Volk zusammen, damit sie rieten, aus was für einer Haut die Schuhe gemacht worden seien. Wer es erraten könne, der solle seine Tochter zur Braut haben. Da fanden sich viele ein, die gern des reichen Mannes Tochter zur Braut gehabt hätten.

Hinter dem Hause aber war ein See. Da kam ein Wasserweibchen herauf, das stieg durch den Rauchfang und verwandelte sich in einen alten Mann. Der kroch hinterm Ofen hervor und sprach: »Sie sind aus der Haut einer Laus.« Und ein flinker Bursch sprang auf und rief: »Ich hab's geraten, ich hab's zuerst gesagt.« Da kamen die Leute von der andern Seite auf ihn zu und hießen ihn schweigen. Und der Alte ging hin und wollte das Mädchen zur Frau haben. Aber ihr Vater sprach: »Dir gebe ich meine Tochter nicht, und wenn es sonst was gälte.« Und sie selbst sagte: »Dich alten Kerl nehme ich nicht«, und lief aus dem Haus. Da entführte sie das Wasserweibchen hinter dem Haus und nahm sie mit sich in den See. Dort hatte sie ein prächtiges Schloß auf einer schönen Insel und einen bunten Garten mit allerhand Beeren und allerlei Vögeln. Und sie hatte einen flinken Jungen, dem gab sie das Mägdlein zur Frau.

Sie lebte dort ein Jahr, das erschien ihr wie eine Woche, sie lebte ein zweites, ein drittes und bekam ein Kind. Sie lustwandelte mit dem Kinde und ihrem Manne in dem Garten, und sie aßen, was sie wollten. Aber eines Tages bekam sie doch Sehnsucht nach

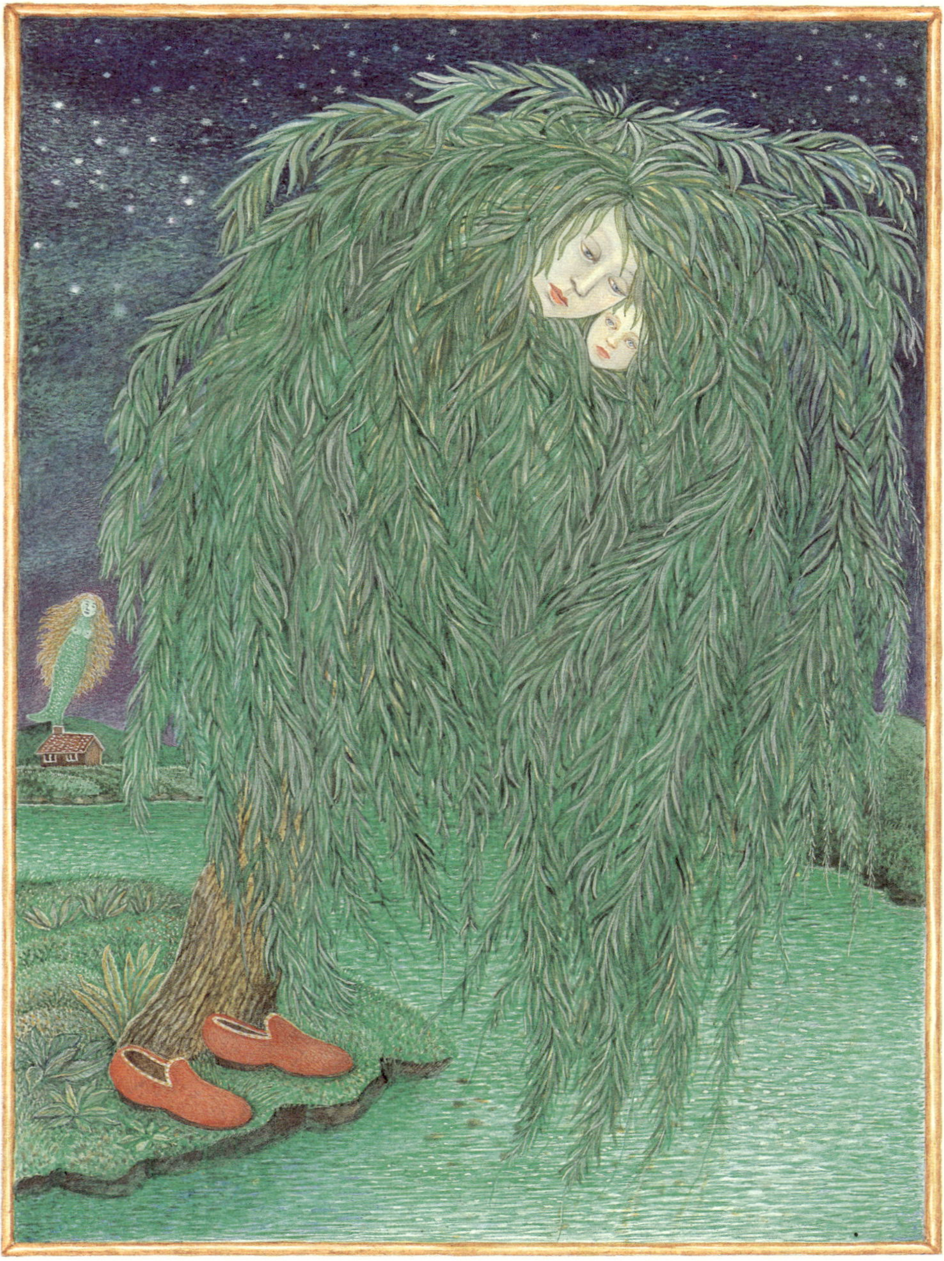

Hause. Es kam ihr in den Sinn, ihre Eltern einmal zu besuchen, und sie sagte zu ihrem Gatten: »Es wäre wohl Zeit, daß ich einmal nach Hause ginge, ich habe jetzt Sehnsucht.« Da sagte der Mann: »Du kannst gehen, wann du willst, doch back erst gute Kuchen für die Deinen, nimm alle Beeren für Pasteten!« Und sie buk Pasteten und nahm einen Sack voll Gold für die Ihrigen zum Geschenk mit. Dann hob der Mann seine Frau und ihren Knaben aufs Knie, und sowie er bloß einmal mit ihnen herumflog, waren sie dort am Ufer, von wo sie das Wasserweibchen geholt hatte. Und er beschied sein Weib und sagte: »Wenn du wieder nach Hause möchtest, so ruf am Ufer: ›Komm, komm, mein Geliebter, und hol mich!‹ Dann komme ich und hole dich.« Die junge Frau ging zu ihrem Vater, und ihr Mann kehrte mit dem Bübchen wieder heim. Am Ufer aber kam ihr viel Volks entgegen, denn sie meinten: »Wer kommt denn da in so feinen Kleidern?« Und sie gab den Leuten die Hand und schenkte ihnen von dem Golde. Dann kam sie nach Hause, aß und trank dort und erzählte dem Vater und den Brüdern, wie sie lebte. Sie erzählte und lobte: »Ich habe dort ein herrliches Leben. Da gibt es so schöne Gärten und Vögel und Beeren, daß einem keine Sehnsucht kommt. Bin ich doch heute nach drei Jahren zum erstenmal nach Hause gekommen.«

Da flüsterten ihre zwei Brüder im geheimen miteinander, und sie gingen in den Wald und schnitten sich Knüttel von Erlenholz, damit wollten sie den Schwager totschlagen. Aber das Mädchen fühlte Sehnsucht nach ihrem Manne und ihrem Kind, nach ihrem weichen Lager und allem andern. Es trieb sie heim mit aller Macht. Doch weder Vater noch Mutter wollten sie fortlassen. »Ich kann nicht mehr hierbleiben, ich leide solche Qual und Jammer hier.« Sie drängte und drängte, da half kein Verbot mehr. »Wenn du solche Sehnsucht hast, so geh, doch besuch uns bald wieder«, baten Vater und Mutter. Da ging sie zum Ufer, ihren Geliebten zu rufen, der mit dem Kind in Sehnsucht ihrer harrte. Und der Geliebte kam. Doch als er ans Ufer stieg, sprangen die Brüder aus dem Walde mit Erlenholzknütteln auf ihn ein und schlugen ihn, daß er tot liegenblieb. Die Schwester aber fing bitterlich an zu weinen: »Warum tatet ihr das?«

Da wurde sie zur Trauerweide, und der Knabe auf ihrem Arm zum Ast der Weide. Und die Blätter hingen an ihr wie die Locken am Kopf. So blieb sie in ihrer Trauer und kam nicht mehr zu ihrem Vater und den Brüdern. Sie blieb eine Trauerweide.

Michel Tournier

ALS DER KLEINE DÄUMLING DURCHBRANNTE

An diesem Abend schien Kommandant Däumling entschlossen, mit den geheimnisvollen Mienen, die er seit etlichen Wochen aufsetzte, Schluß zu machen und seine Karten aufzudecken.

»Also, hört her!« sagte er beim Dessert nach andachtsvollem Schweigen. »Wir ziehen um. Bièvres, die windschiefe Bude, das Fleckchen Garten mit unseren zehn Salatpflanzen und unseren drei Karnickeln, das ist jetzt aus und vorbei!«

Und er verstummte, um die Wirkung dieser großartigen Enthüllung auf seine Frau und seinen Sohn besser beobachten zu können. Dann schob er Teller und Besteck beiseite und fegte mit der Handkante die über das Wachstuch verstreuten Brotkrümel weg.

»Nehmen wir an, ihr habt hier das Schlafzimmer. Dann ist da das Badezimmer, da das Wohnzimmer, da die Küche und noch zwei Schlafräume, na bitte. Sechzig Quadratmeter mit Wandschränkchen, Teppichboden, Sanitäreinrichtungen und Neonlicht. Das ist die Masche! Auf so was konnte man kaum hoffen! Im Mercure-Hochhaus, dreiundzwanzigster Stock. Könnt ihr euch das vorstellen?«

Ja, ob sie sich das wirklich vorstellen konnten? Madame Däumling schaute mit angstvoller Miene auf ihren schrecklichen Mann, dann mit einer in letzter Zeit immer häufiger gewordenen Bewegung auf Klein Pierre, als verlasse sie sich auf ihn, wenn sie der Autorität des Chefs der Pariser Holzfäller Trotz bieten wollte.

»Dreiundzwanzigster Stock! Na ja! Da vergißt man besser nicht, Streichhölzer zu kaufen!« bemerkte Pierre mutig.

»Idiot!« erwiderte Däumling, »da hat's doch vier superschnelle Lifte. In diesen modernen Gebäuden sind die Treppen praktisch verschwunden.«

»Und wenn ein Wind geht, dann heißt's gleich: Vorsicht, es zieht!«

»Nicht die Spur zieht es! Die Fenster sind verschraubt, die gehen gar nicht auf.«

»Wo soll ich denn da meine Teppiche ausschütteln?« wagte sich Madame Däumling vor.

»Teppiche, deine Teppiche! Du mußt deine bäurischen Gewohnheiten ablegen, weißt du. Dort hast du ja deinen Staubsauger. Es ist wie mit deiner Wäsche. Die möchtest du doch auch nicht mehr draußen aufhängen!«

»Aber«, wandte Pierre ein, »wenn doch die Fenster festgeschraubt sind, wie kann man da atmen?«

»Brauchst nicht zu lüften. Kriegst die Luft viel rationeller durch die Klimaanlage. Ein Gebläse führt Tag und Nacht die verbrauchte Luft ab und ersetzt sie durch Luft, die vom Dach her eingespeist und bis zu der gewünschten Temperatur aufgeheizt ist. Übrigens müssen die Fenster schon deshalb verschraubt sein, weil das Haus ja schalldicht gebaut ist.«

»Schalldicht – so hoch oben? Weshalb denn?«

»Wegen der Flugzeuge natürlich! Ihr müßt bedenken, wir sind nur tausend Meter von der neuen Startbahn von Toussus-le-Noble. Alle fünfundvierzig Sekunden braust ein Jet dicht übers Dach. Ein Glück, daß da alles hermetisch zu ist! Wie in einem U-Boot... So, das wär's. Alles ist fertig. Wir können vor dem Fünfundzwanzigsten einziehen. Das ist dann euer Weihnachtsgeschenk. Schwein gehabt, was?«

Doch während er sich noch ein Restchen Rotwein einschenkt,

um seinen Käse vollends zu essen, streicht Klein Pierre traurig die Karamelcreme in seinem Teller umher, auf die er plötzlich gar keine Lust mehr hat.

»Das, Kinder, das ist modernes Leben!« Vater Däumling läßt nicht locker. »Anpassen muß man sich! Ihr wollt doch auch nicht, daß wir ewig auf diesem gammligen flachen Land hier verschimmeln! Übrigens hat der Präsident der Republik selber gesagt: *Paris muß sich dem Auto anpassen, mag auch ein gewisser Ästhetizismus darunter leiden.*«

»Ein gewisser Ästhetizismus – was heißt das?« fragte Pierre.

Däumling fährt sich mit den kurzen Fingern in sein bürstensteifes, schwarzes Haar. Diese Kerle, immer das blöde Gefrage!

»Der Ästhetizismus, der Ästhetizismus ... äh ..., na ja, das sind die Bäume!« Er war sehr erleichtert, das schließlich gefunden zu haben. ›Mag auch ... darunter leiden‹ heißt, daß man sie fällen muß. Siehst du, Bürschchen, der Präsident, der hat da auf meine Leute und mich angespielt. Eine schöne Anerkennung für die Pariser Holzfäller. Und eine wohlverdiente! Denn ohne uns, he! da könnt keine Rede sein von großen Avenuen und Parkplätzen – vor lauter Bäumen. Paris, wenn's auch nicht danach aussieht, ist ja voller Bäume. Geradezu ein Wald ist Paris! Das heißt, es war einer ... Denn da sind ja wir noch da, die Holzfäller. Eine Elite, ja. Denn um damit fertig zu werden, da sind wir Könner. Oder glaubst du, es sei so leicht, mittendrin in der Stadt eine Fünfundzwanzig-Meter-Platane zu fällen, ohne daß drumherum etwas kaputtgeht?«

Jetzt ist er in Fahrt. Da ist er nicht mehr zu bremsen. Madame Däumling steht auf und geht Geschirr abwaschen; Pierre schaut mit starrem, lebhafteste Aufmerksamkeit vortäuschendem Blick auf seinen Vater.

»Die großen Pappeln auf der Ile Saint-Louis und auf der Place Dauphine, die mußte man wie eine Wurst in Scheiben schneiden und die einzelnen Blöcke mit Seilen runterlassen. Und alles, ohne daß eine Scheibe zu Bruch ging oder ein Auto eine

Delle bekam! Sogar vom Pariser Gemeinderat haben wir Glückwünsche gekriegt. Und nicht zu Unrecht. Denn eines Tages, wenn Paris erst ein Knäuel von Autobahnen mit Hochstraßen geworden ist, durch den Tausende von Autos mit hundert Sachen in alle Richtungen fahren können – na, wem ist das dann zuallererst zu verdanken? Den Holzfällern, die reinen Tisch gemacht haben!«

»Und meine Stiefel?«

»Was für Stiefel?«

»Die du mir zu Weihnachten versprochen hast?«

»Ich? Stiefel? Ach ja, freilich! Stiefel, die sind ja gut und schön, um hier im Garten herumzustapfen. Aber in einer Appartementwohnung sind sie unmöglich. Was würden die Hausgenossen im Stockwerk darunter sagen? Paß auf, ich mach dir einen Vorschlag: Statt Stiefel kauf ich dir einen Farbfernseher. Das ist schon was anderes, wie? Das willst du doch, ja, abgemacht!«

Und er greift nach seiner Hand und lächelt dabei sein gutes, männlich-offenes Lächeln, das Lächeln des Kommandanten der Pariser Holzfäller.

Ich will nicht so ein Neonröhrenlicht und auch keine rationierte Luft. Ich will lieber Bäume und Stiefel. Ade für immer. Euer einziger Sohn Pierre.

Sie werden noch sagen, ich hätte eine Babyschrift, denkt Pierre unwillig, als er seinen Abschiedsbrief nochmals durchliest. Und die Rechtschreibung? Nichts kann ein Schreiben, mag es noch so ausdrucksvoll sein, so sehr entwürdigen wie ein dicker, lächerlicher Rechtschreibfehler. Stiefel. Schreibt man das wirklich mit *ie*? Vermutlich ja, weil man ja lang damit wandern will.

Der Abschiedsbrief steht, wie ein kleines Zelt gefaltet, augenfällig auf dem Küchentisch. Seine Eltern müssen ihn finden, wenn sie von den Bekannten, bei denen sie den Abend verbracht haben, nach Hause kommen. Da wird er, Pierre, schon über alle Berge sein. Ganz allein? Nicht so ganz. Einen Gatterkorb in der Hand, geht er durch den kleinen Garten bis hinüber zu dem Holzverschlag, in dem er drei Kaninchen hält. Kaninchen mögen auch keine dreiundzwanzigstöckigen Hochhäuser.

Und schon steht er an der Hauptstraße, der Nationalstraße 306, die in den Wald von Rambouillet führt. Da will er hin. Das ist natürlich nur eine vage Idee. In den letzten Ferien hatte er rings um den Dorfteich von Vieille-Eglise einen Pulk Wohnwagen gesehen. Vielleicht sind von denen noch ein paar da. Vielleicht, daß sie ihn dort haben wollen...

Früh ist die Dezembernacht hereingebrochen. Er geht auf der rechten Straßenseite; das ist zwar ganz gegen die Ratschläge, die er immer bekommen hat, doch das Trampen stellt eigene Anforderungen. Leider scheinen es die Autos in dieser Nacht vor dem Heiligen Abend recht eilig zu haben. Sie sausen vorbei, ohne auch nur abzublenden. Pierre marschiert lange, lange dahin. Er ist noch nicht müde, aber der Gatterkorb wechselt immer häufiger vom rechten Arm hinüber zum linken und umgekehrt. Da, endlich, eine kleine, hell erleuchtete Insel, Farben und Lärm. Es ist eine große Tankstelle mit einem Laden voll feiner Sachen. Ein dicker Sattelzug steht an einer Tanksäule für Diesel. Pierre macht sich an den Fahrer heran.

»Ich will in Richtung Rambouillet. Kann ich mitfahren?«

Der Fahrer schaut ihn mißtrauisch an.

»Bist hoffentlich nicht grade durchgebrannt?«

Da haben die Karnickel eine geniale Idee. Eines nach dem anderen strecken sie den Kopf aus dem Gatterkorb. Nimmt einer, der durchbrennt, lebendige Kaninchen in einem Gatterkorb mit? Der Fahrer ist beruhigt.

»Fix rauf mit dir! Ich nehm dich mit!«

Zum erstenmal fährt Pierre auf einem Schwerlaster mit. Wie hoch man da sitzt! Es ist, als säße man auf einem Elefantenrücken. Im Scheinwerferlicht tauchen Hauswände, Phantome von Bäumen, flüchtige Silhouetten von Fußgängern und Radfahrern aus der Nacht auf. Hinter Christ-de-Saclay wird die Straße schmaler, kurvenreicher. Man ist wirklich auf dem Land.

Saint-Rémy, Chevreuse, Cernay. Es ist soweit. Hier beginnt der Wald.

»Noch ein Kilometer, dann steig ich aus!« erklärt Pierre aufs Geratewohl.

In Wirklichkeit ist ihm mulmig zumute, und er hat das Gefühl, daß er mit dem Aussteigen aus dem Lastwagen ein Schiff verläßt und ins Meer springt. Ein paar Minuten später fährt der Sattelzug an den Rand der Straße.

»Ich kann hier nicht lange halten«, erklärt der Fahrer. »Auf, hopp! Alles aussteigen!«

Aber dann greift er noch mit der Hand unter den Sitz und zieht eine Thermosflasche hervor.

»'nen Schluck Glühwein zum Abschied! Den gibt mir meine Alte immer mit. Mir ist ein trockener Weißer lieber.«

Das sirupdicke Naß brennt in der Kehle und riecht nach Zimt, aber Wein ist es doch, und Pierre ist ein bißchen betrunken, als der Lastzug sich fauchend, knatternd und tosend in Bewegung setzt. Ja, wirklich ein Elefant, denkt Pierre und sieht ihn immer weiter in die Nacht eintauchen. Aber wegen der Lichtgirlanden und Schlußleuchten ein Elefant, der zugleich auch ein Weihnachtsbaum sein könnte!

Der Weihnachtsbaum verschwindet, und wieder schließt sich um Pierre die Nacht. Aber eine ganz schwarze Nacht ist es nicht. Der bewölkte Himmel verbreitet ein unbestimmt-phosphoreszierendes Licht. Pierre geht weiter. Er denkt, er müsse rechts in einen Weg einbiegen, um zu dem Teich zu kommen. Und da ist ja auch schon ein Weg, freilich nach links. Ach was, sei's drum! Er weiß ja ohnehin nichts sicher. Meinethalben also links! Das muß dieser Glühwein sein. Das hätt er bleibenlassen sollen. Er ist zum Umfallen müde. Und dieser verdammte Gatterkorb, der ihm die Hüfte aufscheuert. Wenn er sich unter einem Baum eine Minute ausruhte? Zum Beispiel unter dieser großen Tanne, die einen fast trockenen Teppich aus Nadeln um sich gestreut hat? Ach ja, ich kann ja die Kaninchen herausholen. Lebende Kaninchen, das hält

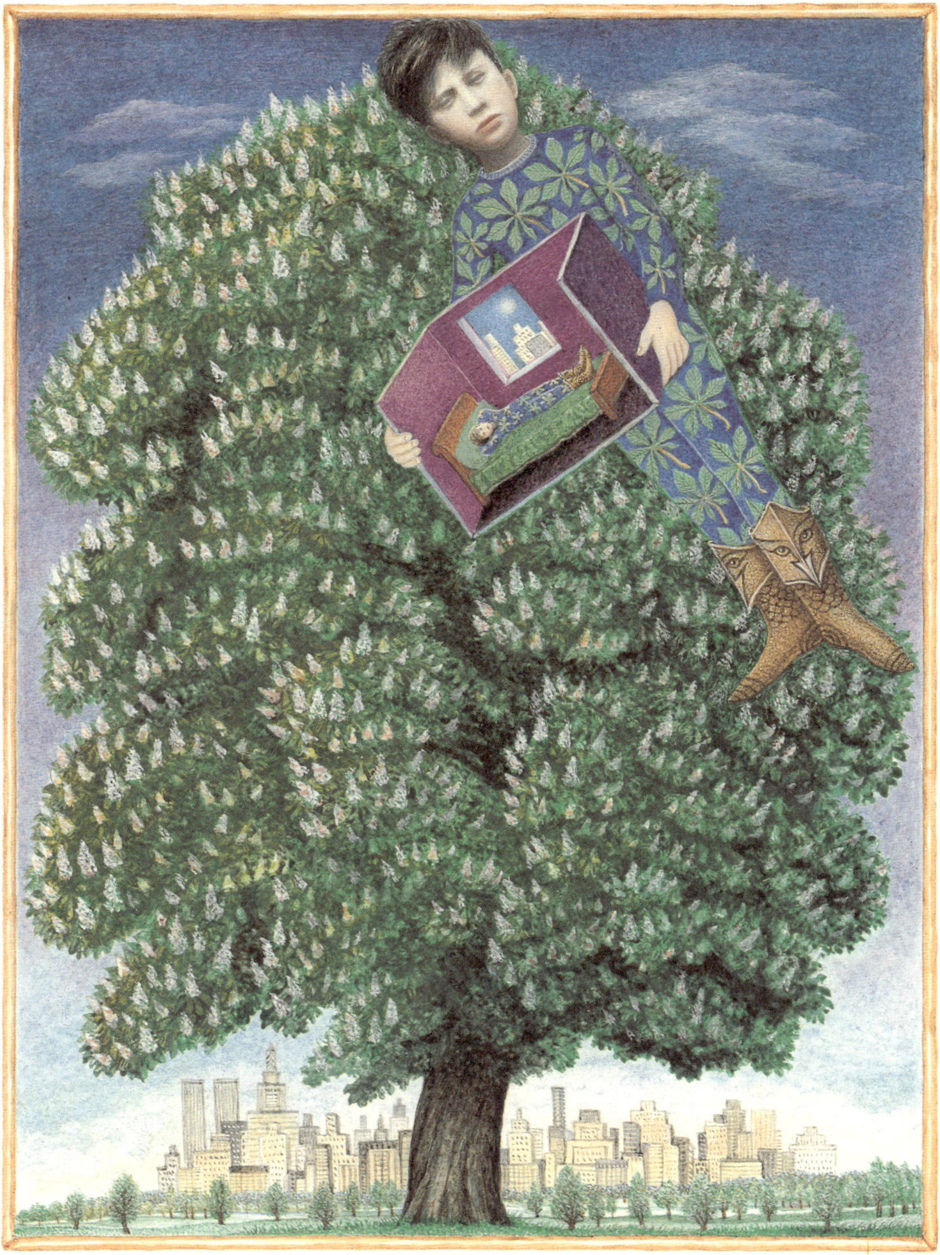

warm. Das ersetzt eine Decke. Das ist eine lebende Decke. Und sie wühlen ihre Schnäuzchen in Pierres Kleider und verkriechen sich in ihm. Ich bin ihr Bau, denkt er lächelnd. Ein lebendiger Karnikkelbau.

Sterne tanzen um ihn mit Rufen und silberhellem Lachen. Sterne? Nein, Laternen. Und die sie in Händen halten, sind Zwerge. Zwerge? Nein, kleine Mädchen. Sie drängen sich um Pierre.

»Ein kleiner Junge! Verlorengegangen! Verlassen! Eingeschlafen! Er wacht auf! Guten Tag! Guten Abend! Hihihi! Wie heißt du denn? Ich heiße Nadine, und ich Christine, Carine, Aline, Sabine, Ermeline, Delphine...«

Sie prusten vor Lachen, geben sich Rippenstöße, und die Laternen tanzen um so schöner. Pierre tastet ringsum den Boden ab. Der Gätterkorb ist noch da, aber die Kaninchen sind verschwunden. Er steht auf. Die sieben kleinen Mädchen umringen ihn, nehmen ihn mit. Er kann ihnen unmöglich widerstehen.

»Mit Nachnamen heißen wir Oger. Wir sind Schwestern.«

Neues, schallendes Gelächter, daß die sieben Laternen heftig schwanken.

»Wir wohnen nebenan. Da, siehst du das Licht in den Bäumen? Und du? Wo kommst du her? Wie heißt du?«

Zum zweitenmal fragen sie jetzt schon nach seinem Namen. »Pierre«, bringt er heraus. Da rufen alle miteinander: »Er kann sprechen! Er redet! Er heißt Pierre! Komm, wir führen dich zu Oger.«

Außer einem Fundament aus Muschelkalk ist das Haus ganz aus Holz. Es ist ein altersschwacher, verwinkelter Bau, anscheinend durch unbeholfenes Aneinanderfügen mehrerer Gebäude entstanden. Doch schon wird Pierre in das große Wohnzimmer geschoben. Zuerst sieht er nichts als einen riesengroßen Kamin mit lichterloh brennenden Baumstämmen darin. Zur Linken ist der Blick auf die Glut verstellt durch einen großen, weidengeflochtenen Lehnstuhl, einen richtigen Thron, aber einen leichten, luftigen Thron, geschmückt mit Kringeln, Borten, Kreuzchen, Rosetten und Blumenmustern, durch die das Feuer schimmert.

»Hier essen wir, hier singen wir, hier tanzen wir, hier erzählen wir einander Geschichten«, tönt es erklärend von sieben Stimmen zugleich. »Da, nebenan, ist unsere Schlafkammer. Das Bett da ist für uns Kinder allesamt. Schau mal, wie groß es ist!«

Wirklich, noch nie hat Pierre ein Bett gesehen, das so breit ist, genauso breit wie lang, und darauf ein Federbett wie ein dick aufgepusteter roter Ball. Über dem Bett, wie um einen zum Schlaf zu stimmen, hängt eingerahmt eine gestickte Inschrift: *Make love not war!* Aber die sieben Teufelinnen ziehen Pierre weiter in ein anderes Zimmer, eine große, nach Wolle und Wachs riechende Werkstatt, deren ganzen Raum ein Webstuhl aus hellem Holz einnimmt.

»Hier webt Mama ihre Stoffe. Jetzt ist sie gerade unterwegs, sie landauf, landab zu verkaufen. Wir und Papa warten, bis sie wiederkommt.«

Komische Familie, denkt Pierre. Die Mutter arbeitet, und der Vater hütet mittlerweile das Haus!

Und nun sind sie alle wieder am Kaminfeuer im Wohnzimmer. Der Lehnstuhl bewegt sich. Der luftige Thron ist also bewohnt! Zwischen seinen wie Schwanenhälse gebogenen Armlehnen sitzt jemand!

»Papa, das ist Pierre!«

Oger ist aufgestanden. Er schaut Pierre an. Wie groß er ist! Ein richtiger Riese aus den Wäldern! Aber ein Riese, der schmal und geschmeidig ist, an dem überall nur Sanftes ist: die langen blonden, von einem Schnürriemchen quer über die Stirn zusammengehaltenen Haare, der goldgeringelte, seidige Bart, die sanften blauen Augen, die honigfarbenen Lederkleider, zwischen denen ziselierter Silberschmuck hervorblitzt, Ketten, Halsgehänge, drei Ledergürtel, deren Schließen übereinanderliegen, und vor allem, ja! vor allem die Stiefel, hohe Stiefel aus Damwildleder, die ihm bis an die Knie reichen, auch sie mit Kettchen, mit Ringen und Medaillen besetzt.

Pierre ist ganz gebannt vor Bewunderung. Er weiß nicht, was er sagen soll, weiß nicht mehr, was er sagt. Er sagt: »Sie sind so schön wie...« Oger lächelt. Er lächelt mit all seinen weißen Zähnen, aber auch mit all seinen Halsketten, seiner gestickten Weste, seiner Jägerhose, seinem Seidenhemd und vor allem, ja! vor allem mit seinen hohen Stiefeln.

»So schön wie was?« fragt er forschend.

Pierre, ganz durcheinander, sucht nach einem Wort, dem Wort, das seine Überraschung, sein Staunen am besten ausdrückt.

»Sie sind so schön wie eine Frau!« stößt er schließlich aufatmend hervor. Schallendes Lachen folgt: das Lachen der kleinen Mädchen, das Lachen Ogers und schließlich auch das Lachen Pierres, der froh ist, damit ganz in der Familie aufzugehen.

»Kommt zum Essen!« sagt Oger.

Gibt das ein Geschubse rund um den Tisch, denn alle Mädchen wollen neben Pierre sitzen!

»Heute sind Sabine und Carine mit Auftragen dran«, mahnt Oger freundlich.

Von geriebenen Karotten abgesehen kennt Pierre keines von den Gerichten, die die beiden Schwestern auftischen und von denen dann alle sogleich ganz ungezwungen schöpfen. Knoblauchpüree, Vollreis, Schwarzwurzeln, Traubenzucker, eingemachtes Plankton, gegrillte Soja, gekochte Kohlrüben und andere Wunderdinge werden ihm genannt, und er verzehrt alles mit geschlossenen Augen und trinkt rohe Milch und Ahornsirup dazu. Zutraulich, wie er ist, findet er alles köstlich.

Hinterher setzen sich die acht Kinder im Halbkreis um das Feuer, und Oger nimmt von einem Haken am Rauchfang des Kamins eine Gitarre und entlockt ihr zunächst ein paar traurig-melodische Akkorde. Doch als dann der Gesang anhebt, zuckt Pierre überrascht zusammen und beobachtet genau das Gesicht der sieben Mädchen. Nein, die hören stumm und aufmerksam zu. Diese zarte Stimme, dieser leichte Sopran, der sich mühelos bis zu den hellsten Trillern emporschwingt, kommt ganz allein von Ogers dunkler Silhouette her.

Kommt Pierre denn gar nicht mehr aus dem Staunen heraus? Es sieht nicht danach aus, denn die Mädchen lassen Zigaretten herumgehen, und seine Nachbarin – ist das Nadine oder Ermeline? – zündet eine an und schiebt sie ihm ohne weiteres zwischen die Lippen. Zigaretten, die einen komischen Geruch haben, etwas herb und etwas süßlich zugleich, und deren Rauch einen leicht, ganz leicht werden läßt, so leicht wie der Rauch selber, wenn er in blauen Schwaden im schwarzen Raum schwebt.

Oger lehnt die Gitarre an seinen Lehnstuhl und wahrt anhaltendes, gedankenvolles Schweigen. Schließlich fängt er mit gedämpfter, tiefer Stimme zu reden an.

»Hört zu«, sagt er. »Heute abend beginnt die längste Nacht des Jahres. Darum spreche ich zu euch vom Wichtigsten, das es auf der Welt gibt. Ich spreche von den Bäumen.«

Wiederum schweigt er lange, dann beginnt er von neuem.

»Hört zu. Was war das Paradies? Es war ein Wald. Oder noch eher ein Hain, weil die Bäume ja säuberlich gepflanzt waren, weit genug auseinander, ohne Unterholz und Dornengestrüpp. Und vor allem weil jeder in seiner Eigenheit vom anderen verschieden war. Anders als jetzt. Hier zum Beispiel folgen Hunderte von Birken auf viele Hektar Tannen. Welche Eigenheiten sind da gemeint? Eigenheiten, die vergessen, unbekannt, außergewöhnlich, wundersam sind und denen man auf Erden nicht mehr begegnet, und ihr sollt auch gleich erfahren, warum. Denn jeder von den Bäumen hatte seine eigenen Früchte, und jede Art Frucht besaß ihre eigene Zauberkraft. Eine von den Früchten schenkte die Erkenntnis des Guten und des Bösen. Das war die Nummer eins im Paradies. Nummer zwei verlieh ewiges Leben. Auch das war nicht übel. Aber auch alle anderen waren noch da: eine, die Kraft brachte, eine, die schöpferische Begabung schenkte, andere, durch die man Weisheit, Allgegenwart, Schönheit, Mut, Liebe erlangte – eben alle Eigenschaften und Kräfte, die Jahwes Privileg sind. Und dieses Privileg gedachte Jahwe sich allein vorzubehalten. Darum sprach er zu Adam: ›Wenn du von der Frucht des Baumes Nummer eins ißt, wirst du sterben.‹

Sagte Jahwe die Wahrheit, oder log er? Die Schlange behauptete, er lüge. Adam brauche es ja nur auszuprobieren. Dann werde er schon sehen, ob er starb oder im Gegenteil Gut und Böse erkannte. Wie Jahwe selber.

Auf Drängen Evas faßt Adam einen Entschluß und beißt in die Frucht des Baumes Nummer eins. Und stirbt nicht. Im Gegenteil, ihm gehen die Augen auf, und er erkennt Gut und Böse. Jahwe hatte also gelogen. Die Wahrheit gesagt hatte die Schlange.

Jahwe ist außer sich. Jetzt, da der Mensch keine Furcht mehr hat, wird er von allen verbotenen Früchten essen und wird Stück für Stück ein zweiter Jahwe werden. Als Sofortmaßnahme postiert er einen Erzengel mit Blinklichtschwert vor dem Baum Nummer zwei, dem, der ewiges Leben schenkt. Dann gebietet er Adam und Eva, das Zaubergehölz zu verlassen, und verbannt sie in ein Land ohne Bäume.

Das ist nun der Fluch, der auf den Menschen liegt: Aus dem Pflanzenreich sind sie vertrieben, sind hinunter ins Tierreich gefallen. Und was ist das Tierreich? Es ist Jagd, Gewalt, Mord, Furcht. Das Pflanzenreich hingegen ist stilles Wachsen im Bund von Erde und Sonne. Jegliche Weisheit kann sich darum nur auf eine Meditation über den Baum gründen, eine Meditation, der vegetarische Menschen in einem Wald nachgehen...«

Er steht auf und wirft Scheite ins Feuer. Dann nimmt er seinen Platz wieder ein, und nach langem Schweigen sagt er: »Hört zu. Was ist ein Baum? Ein Baum ist zunächst ein gewisses Gleichgewicht zwischen dem Astwerk in der Luft und dem Wurzelwerk in der Erde. Dieses rein mechanische Gleichgewicht enthält allein schon eine ganze Philosophie. Es ist ja klar, daß das Gezweig sich nicht ausdehnen, erweitern, ein immer größeres Stück Himmel umfassen kann, wenn nicht die Wurzeln tiefer hinunterwachsen und sich in immer zahlreicheren Würzelchen und Haarwurzeln aufspalten, die das ganze Gebäude fester verankern. Baumkenner wissen, daß manche Arten – namentlich die Zedern – ihre Zweige kühn über das Maß hinaus entfalten, das ihre Wurzeln noch zu sichern vermögen. Dann hängt alles vom Standort des Baumes ab. Ist er ungeschützt, ist der Untergrund locker und leicht, so genügt ein Sturm, und der Riese verliert das Gleichgewicht. Ihr seht also: Je höher ihr hinauswollt, desto mehr müßt ihr die Füße auf der Erde haben.

Jeder Baum sagt euch das.

Das ist noch nicht alles. Der Baum ist ein Lebewesen, aber sein Leben ist ganz verschieden vom Leben des Tieres. Wenn wir atmen, schwellen die Muskeln und die Brust, und die füllt sich mit Luft. Dann atmen wir aus. Einatmen, ausatmen, das ist ein Entschluß, den wir ganz allein fassen, ohne jemanden sonst, ganz nach eigenem Belieben, ohne uns um das Wetter oder den Wind, der weht, oder um die Sonne oder sonst etwas zu kümmern. Wir leben abgeschnitten von der übrigen Welt, in Feindschaft mit der übrigen Welt. Betrachtet dagegen den Baum. Seine Lungen sind die Blätter. Sie bekommen nur dann wieder neue Luft, wenn die Luft sich bewegt. Der Wind ist das Atmen des Baumes. Der Anprall des Windes ist die Bewegung des Baumes, die Bewegung seiner Blätter, Stielchen, Stiele, Zweiglein, Zweige, Äste und schließlich des Stammes. Aber er ist für den Baum auch das Einatmen, das Ausatmen und das Schwitzen. Dazu bedarf es auch der Sonne, denn sonst lebt der Baum nicht. Der Baum ist eins mit Wind und Sonne. Aus diesen zwei Brüsten des Kosmos, aus Wind und Sonne, saugt er geradewegs sein Leben. Er ist nichts als dieses Warten auf sie, ist nichts als ein ungeheures Netz aus Blättern, ausgespannt in Erwartung von Wind und Sonne. Der Baum ist eine Windfalle, eine Sonnenfalle. Wenn er sich rauschend regt und dabei Lichtpfeile nach allen Seiten flitzen läßt, dann deshalb, weil die beiden großen Fische Wind und Sonne sich vorbeihuschend in seinem Chlorophyllnetz verfangen haben...«

Redet Oger wirklich, oder gehen seine Gedanken auf den

blauen Flügeln der komischen Zigaretten, wie alle sie auch jetzt noch rauchen, stillschweigend auf die Zuhörer über? Pierre wüßte es nicht zu sagen. Er schwankt wahrhaftig im Wind wie ein großer Baum – eine Kastanie, ja, weshalb gerade eine Kastanie? Das weiß er nicht, aber es ist sicher kein anderer Baum – und Ogers Worte kommen geflogen und wohnen mit hellem Rauschen in seinen Zweigen.

Und was geschieht danach? Er sieht wie im Traum das große, quadratische Bett und eine Menge Kleider durch das Zimmer fliegen – Kleider kleiner Mädchen und auch eines kleinen Jungen – und ein lautes, von frohem Geschrei begleitetes Gedränge. Und dann die molligweiche Nacht unter dem riesigen Federbett, und das Gewimmel niedlicher Körper um ihn, vierzehn Händchen, die ihm so schalkhaft mit Liebkosungen zusetzen, daß er schier vor Lachen erstickt...

Ein schmutziger Lichtschimmer dringt durch die Fenster. Plötzlich ertönen gellende Trillerpfeifen. Dumpfe Schläge dröhnen gegen die Tür. Die kleinen Mädchen schwirren auseinander wie ein Schwarm Spatzen und lassen Pierre mutterseelenallein in dem jäh aufgerissenen großen Bett zurück. Die Schläge werden heftiger; es klingt wie Axthiebe am Stamm eines todgeweihten Baumes.

»Polizei! Sofort aufmachen!«

Pierre steht auf und zieht sich eiligst an.

»Morgen, Pierre!«

Er dreht sich um, denn er erkennt die sanfte, singende Stimme, die ihn die ganze Nacht in ihrem Bann gehalten hat. Oger steht vor ihm. Er hat seine Lederkleider nicht mehr, auch seinen Schmuck und die Lederschnur über die Stirn nicht mehr. Barfuß steht er da, in einer langen Tunika aus ungebleichter Leinwand, und sein in der Mitte gescheiteltes Haar fällt frei auf die Schultern herab.

»Jahwes Soldaten kommen, mich festzunehmen«, sagt er ernst.

»Aber morgen ist Weihnachten. Bevor das Haus der Plünderung anheimfällt, komm und suche dir zum Andenken an mich etwas aus, was dich in die Öde hinein begleiten mag.«

Pierre folgt ihm in das große Zimmer. Der Kamin birgt nur noch einen Haufen kalte Asche. Mit einer vagen Handbewegung weist Oger ihn auf all die Dinge hin, die auf dem Tisch, auf den Stühlen verstreut liegen, an der Wand hängen, den Boden bedecken: seltsam-poetische Dinge, ein ganzer Kronschatz, rein und ursprünglich. Doch Pierre hat Augen weder für den ziselierten Dolch noch für Gürtelschließen, weder für die Fuchspelzweste noch für Halsketten, Ringe und Diademe. Nein, er sieht nichts als das Paar Stiefel, das beinah unter dem Tisch steht und dessen hohe, weiche Schäfte seitwärts so lappig herabfallen wie Elefantenohren.

»Sie sind viel zu groß für dich«, sagt Oger zu ihm, »aber das macht nichts. Versteck sie unter deinem Mantel. Und wenn du dich daheim dann zu sehr langweilst, so schließ dein Kämmerchen zu, zieh sie an und laß dich von ihnen ins Land der Bäume tragen.«

Da fliegt krachend die Tür auf, und drei Männer stürzen herein. Sie tragen Gendarmenuniformen, und Pierre ist nicht überrascht, daß hinter ihnen der Kommandant der Pariser Holzfäller angelaufen kommt.

»Rauschgifthandel und Rauschgiftkonsum, das genügt wohl jetzt nicht mehr, was?« bellt einer der Gendarmen Oger ins Gesicht. »Du mußt dich überdies auch noch der Entführung Minderjähriger schuldig machen?«

Oger begnügt sich damit, ihm die Handgelenke hinzuhalten. Die Handschließen schnappen zu. Inzwischen gewahrt Däumling seinen Sohn.

»Ah, da bist du! Ich hab's ja gewußt. Geh und wart im Auto auf mich, und zwar dalli!«

Dann geht er zu einer wütenden, angeekelten Ortsbesichtigung über.

»Die Bäume – die lassen bloß massenhaft Pilze und Liederlichkeiten wachsen! Genau wie im Bois de Boulogne – was das ist, wißt ihr doch? Ein Freilichtlupanar! Ei, schaut mal, was ich eben gefunden habe!«

Der Gendarmeriehauptmann beugt sich über den gestickten Rahmen: *Make love not war!*

»Da«, meint er, »haben wir den handfesten Beweis: Verleitung Minderjähriger zur Unzucht und versuchte Wehrkraftzersetzung! So 'ne Schweinerei!«

Im dreiundzwanzigsten Stock des Mercure-Hochhauses betrachten Däumling und seine Frau auf dem Bildschirm des Farbfernsehers Männer und Frauen mit Clownsmützen auf dem Kopf, die einander mit Konfetti und Papierschlangen bewerfen: der *Réveillon*, der Spaß am Weihnachtsabend.

Pierre ist in seinem Zimmer. Er dreht von innen den Schlüssel um, dann holt er zwei hohe Stiefel aus weichem, goldbraunem Leder unterm Bett hervor. Sie anzuziehen ist nicht schwierig, denn sie sind ja so viel zu groß für ihn! Er wäre ganz schön aufgeschmissen, wenn er damit einen Fußmarsch zu machen hätte, aber darum geht es ja nicht. Das sind Traumstiefel.

Er legt sich ausgestreckt aufs Bett und macht die Augen zu. Und schon ist er fort, weit fort. Er wird zu einem riesengroßen Kastanienbaum mit lauter Blüten, die wie kleine, sahnigweiße Kandelaber in die Luft ragen. Er schwebt frei im regungslos blauen Himmel. Auf einmal aber streift ihn ein leiser Hauch. Pierre rauscht leise. Tausendfach flattern seine grünen Flügel in der Luft. Mit segnender Gebärde wiegen sich seine Zweige. Ein Fächer aus Sonnenglast faltet sich im tiefgrünen Schatten seines Laubes auf und wieder zusammen. Pierre ist grenzenlos glücklich. Ein großer Baum...

Russell Hoban

OLIVERS GEHEIMNIS

Oliver träumte manchmal von einem Gesicht, das grün war wie fahles Feuer, schwarz wie Erde und Asche. Dieses Gesicht war riesig, und es war überall um ihn herum, als wäre es das Innere eines endlosen, sich langsam drehenden Tunnels, durch den er fiel. Er war traurig, seine Kehle war wie zugeschnürt, er trauerte um jemanden. Welchen Namen sollte er rufen? Wen hatte er verloren? Oliver war zehn.

Der Schulhof war für Oliver ein trister Ort voller Geschrei, Kinderschweiß und Geoffrey. Geoffrey war zwei Jahre älter als er und zehn Zentimeter größer, er verrenkte Oliver den Arm und polierte ihm immer wieder schmerzhaft die Birne. Einmal kämpfte Oliver mit ihm und verlor. Geoffrey nannte ihn »Olivenöl«. Geoffrey sang:

»Olivenöl, Olivenöl –
macht vor Angst die Hosen voll.«

In den Sommerferien flogen Oliver und seine Eltern nach Korfu. Von dort fuhren sie mit einem Schiff weiter zu der Insel Paxos, wo sie ein Haus gemietet hatten. Der Name des Schiffes war mit griechischen Buchstaben auf beide Seiten des Bugs geschrieben – Persephone.

Die Luft war klar, die Sonne brannte heiß, die Maschine dröhnte, und das Sonnenlicht tanzte wie blinkende Sterne auf dem blauen Meer. Sie sahen steinerne Festungen, die Küste war gebirgig, auf dem Oberdeck spielte ein Mann Busuki. Das Schiff war voller Leute, die aßen, tranken, rauchten und Karten spielten. Sonnenstrahlen glitten langsam über die Gläser und Flaschen mit Bier und trüber Limonade an der Bar. Auf dem Unterdeck standen ein Lastwagen, zwei Autos und ein Motorrad; außerdem fuhren eine Ziege und ein Esel mit, und ein Kampfhahn mit bronzenen, grünen und roten Federn, der nach den Bergen sah und krähte. Olivers Vater stand am Bug und starrte hinunter in das Wasser, wie es sich beständig teilte, an den Seiten des Schiffs vorbeiglitt und sich dann achtern wieder mit dem weiß gesprenkelten Kielwasser vereinigte. Seine Mutter saß auf einem Lukendeckel, las und rauchte. Ihre nackten Beine und die Füße, an denen sie Sandalen trug, waren bereits gebräunt von den Nachmittagen im Hurlingham Club.

Oliver lauschte über das Dröhnen der Maschine, das Klatschen der Bugwelle und die schrillen Töne der Busuki hinweg auf etwas anderes – er lauschte auf das silberne Flirren von Olivenbäumen im Sonnenlicht, der Olivenbäume auf dieser Insel. Es dauerte so lange, bis sie dort waren, Stunden und Stunden fuhren sie über das Meer zu der Insel.

Als das Schiff im Hafen von Gaios vor Anker ging und die Kette durch die Klüse rasselte, blickte Oliver hinauf zu den Hügeln und Terrassen über den roten Ziegeldächern der Stadt. »Was sind das für Bäume«, fragte er, »diese silbernen?«

»Das sind Olivenbäume«, sagte seine Mutter.

»Persephone«, flüsterte Oliver.

»Was flüsterst du da?«

»Nichts.«

Das Haus sah aus, als wäre es vor langer Zeit mit dem Saft von Granatäpfeln gefärbt worden. Sein Dach war mit roten Ziegeln gedeckt, der Hof war gepflastert. Unter einem großen Weinstock stand ein Tisch; es gab Orangenbäume und einen Granatapfelbaum. Oliver bestaunte die Granatäpfel, er wunderte sich, daß diese Frucht, von der er in den Märchen gelesen hatte, hier wirklich an einem Baum wuchs. Er hatte zu Hause Granatapfelkerne gegessen, aber als er die Frucht nun in der Hand hielt, war es eine orangerote unbekannte Welt.

Olivers Vater schnitt einen Granatapfel in drei Teile und bot Olivers Mutter ein Stück davon an. Sie sah seinen Vater an, als sie hineinbiß, aber sie sagte nichts. Einen Augenblick lang lagen die beiden anderen Drittel zwischen Tropfen roten Saftes auf dem weißen Teller. In der Ferne hörte man das gewaltige Geschrei eines Esels, für Oliver klang es wie der Schrei eines Wesens, das vom Glück ausgeschlossen war; es war ein dunkler Ton, der mit den zwei Dritteln des Granatapfels und den Tropfen roten Saftes auf dem Teller lag.

»Persephone«, sagte Oliver, »aß sieben Kerne des Granatapfels im Reich der Toten, deshalb muß sie jedes Jahr drei Monate dort unten mit Hades verbringen, und die Erde ist unfruchtbar, bis sie zurückkehrt.«

»Wie viele Kerne hast du gegessen?« fragte sein Vater seine Mutter.

»Zu viele«, antwortete sie.

Jahre später erinnerte sich Oliver an einige Einzelheiten, andere hatte er vergessen. Er erinnerte sich an Dosenmilch von NOYNOY, auf den Dosenetiketten war das Bild einer hübschen jungen Holländerin zu sehen, die ein Kind stillte, im Hintergrund ein Kanal und Windmühlen; er erinnerte sich an Ginflaschen mit fremden Etiketten, vergessene Marken; Pistazien; schrumpelige schwarze Oliven und Ziegenkäse; Spiralen aus irgendeiner gepreßten braunen Substanz, die die Mücken vertreiben sollten und mit dem bitteren Geruch von Ferien und verlorener Kindheit verbrannten.

Er erinnerte sich an einen winzigen toten Skorpion, der in einem Schrank auf dem Boden lag. Er erinnerte sich an einen vielborstigen Seewurm – in dem klaren Wasser wirkte er vergrößert, er sah aus wie ein mythisches Tier, sein rosafarbener und purpurner Körper war gesäumt von wogenden schwarzen Borsten, die

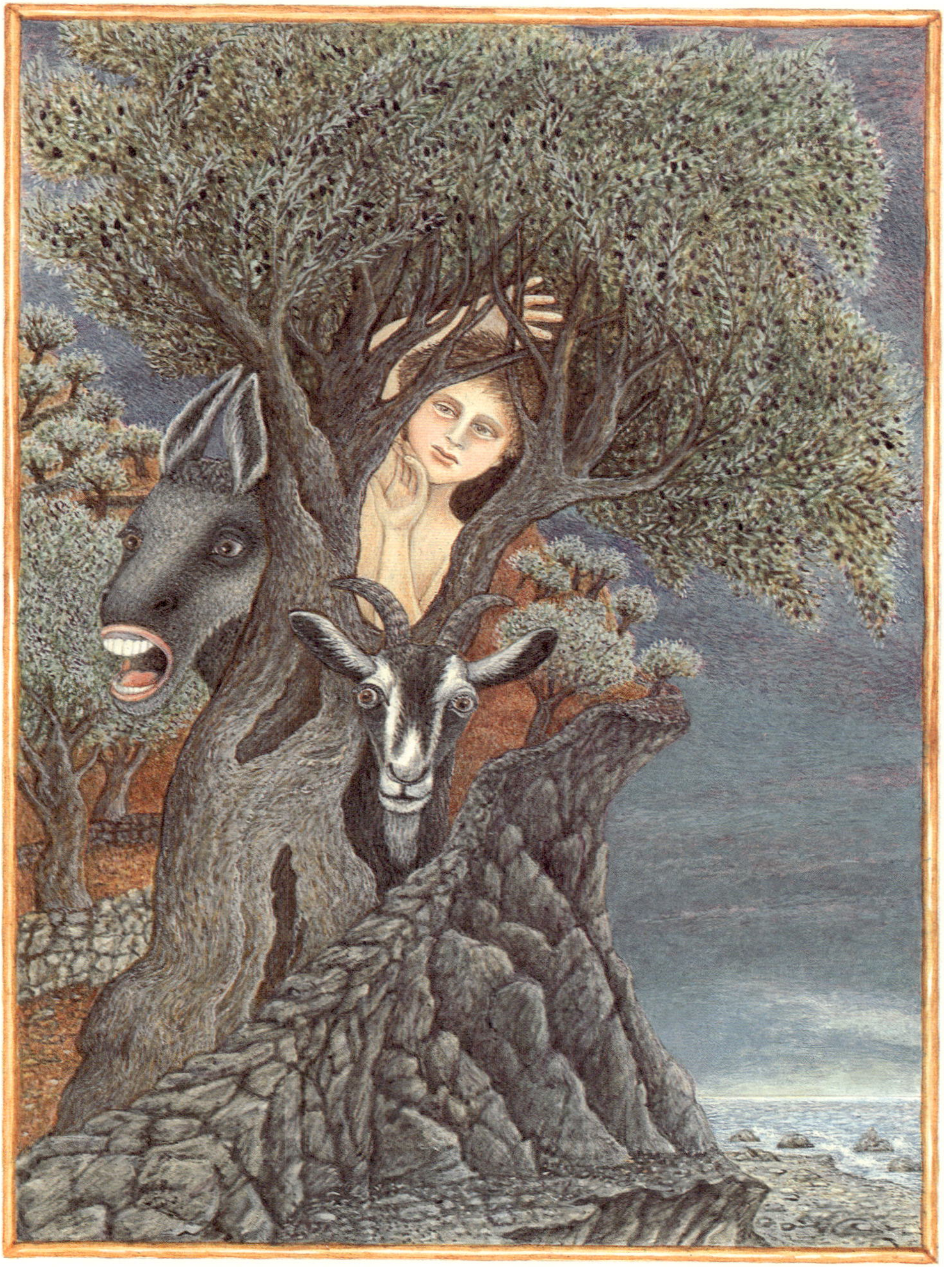

ihn über die hellen Steine trugen; in der Erinnerung war er riesengroß.

Da waren auch drei schwedische Mädchen, die beim Baden keine Oberteile trugen; sie hatten große wippende Brüste; sie schwammen zusammen wie ein Tierkreiszeichen.

Einmal hatte eine junge Frau in einem schwarzen Taucheranzug einen Tintenfisch gefangen. Sie streifte ihn von der Harpune, faßte ihn an einigen seiner Fangarme und schlug ihn auf einem flachen Felsen tot, wobei die salzigen Wassertropfen bis zu Oliver spritzten. Jedesmal, wenn der Polyp auf den Felsen schlug, umklammerte er ihn mit seinen freien Armen, die sich mit einem schmatzenden Geräusch wie von Küssen wieder lösten.

Oliver und seine Mutter gingen jeden Tag an den Strand, sein Vater nicht so oft. Olivers Mutter schwamm, lag in der Sonne, rauchte, schrieb Briefe und las Krimis, während sein Vater an dem Tisch unter dem großen Weinstock saß, Marlowes *Doktor Faustus* las und Notizen für sein nächstes Buch machte. Abends tranken die beiden bei Kerzenlicht Gin.

Die Sonne schien Tag für Tag wie auf einer Kitschpostkarte. Alte Frauen in schwarzen Kleidern saßen vor den Läden und strickten. Die alten Schiffer an der Hafenmauer sahen von ihren Booten auf, wenn die halbnackten weiblichen Sommergäste vorbeikamen.

Das Wasser für das Haus kam aus einer Zisterne, einem kleinen viereckigen Gebäude in der Farbe des Hauses, dessen niedriges flaches Dach man über eine Treppe erreichen konnte. Die Zisterne wurde über ein langes Rohr mit dem Regenwasser aus den Dachrinnen des Hauses gespeist. Wenn man einen Wasserhahn öffnete oder die Toilettenspülung betätigte, keuchte und schnaufte die Pumpe in der Zisterne vor Anstrengung, Wasser an den gewünschten Ort zu bringen.

Nachts lag Oliver im Bett und hörte einen Hahn krähen, während die Pumpe in der Dunkelheit kreischte. Er erinnerte sich an die verzweifelte Stimme des Esels, den roten Saft des Granatapfels, das grünschwarze Gesicht aus seinem Traum. Nachts war dieser August wie ein großes Tier von unbekannter Form und Farbe, das sich drehte und drehte, bis es verschwand.

Überall auf der Insel hielten karge Steinmauern die Erdterrassen an den Berghängen fest; manche waren kreisförmig um einzelne Olivenbäume gebaut. Überall stieß man auf Steine und Reste von Steinen mit flachen Oberflächen, auf denen man mit Filzstiften gut zeichnen und schreiben konnte. Manche waren gelblich, andere grau oder weiß. Manche sahen aus wie steinerne Vorhänge, andere wie gestürzte Denkmäler. Am Strand und im Wasser kauerten große, krumme Gestalten aus Stein, die das Meer in endlosen Jahren ausgehöhlt und ausgewaschen hatte. Sie hatten aus dem Radio Rock'n'Roll gehört und sie hatten Orpheus gehört. Halb untergetaucht im Wasser treibend, hielt Oliver sich an ihnen fest, während sein Körper von der Strömung auf und ab geschaukelt wurde. Manchmal verbrachte er Stunden am Strand, beugte sich über seinen Schatten und sammelte handgroße Steine in verschiedenen runden Formen. Manche paßten auf seltsame Weise zusammen.

Zuerst zeichnete Oliver Ungeheuer und Drachen auf die Steine; später begann er, auf ihnen zu schreiben. Er nahm längliche runde Steine und schrieb ein einzelnes Wort in Spiralen um den Stein herum: *Unten unten unten unten unten...* oder *grün grün grün grün...* Er schrieb auch den Namen Persephone, in griechischen Buchstaben, so wie er es auf dem Schiff gesehen hatte.

Die Straße von den Bergen hinunter zur Stadt führte durch terrassenförmig angelegte Olivenhaine. Überall war Abfall, die Leute warfen ihn einfach den Berg hinab. Blaue Wasserflaschen aus Plastik lagen in den Olivenhainen verstreut, neben weggeworfenen Kochern, die dort vor sich hin rosteten. Viele dieser Bäume waren gepflanzt worden, lange bevor es so etwas wie Plastikwasserflaschen gab. Sie bohrten ihre Wurzeln in den steinigen Grund der steinummauerten Terrassen, während in ihren silbrigen Blättern der Wind und das Licht von Jahrhunderten flüsterten.

Einen Olivenbaum betrachtete Oliver jedesmal, wenn er an ihm vorbeikam. Oft stand ein schwarzer Esel dort angebunden; manchmal war eine schwarzweiße Ziege in der Nähe. Es war der Esel, den Oliver gehört hatte, als er unter dem Weinstock den Granatapfel aß. Wenn er sein Maul öffnete und schrie, gab das ein ungeheures Iah, das viel zu laut war für ein Tier seiner Größe; ganz offensichtlich war der Esel ein Medium. Dies ist meine Verkündigung, sagte die Stimme, die durch den Esel sprach; dies ist meine Offenbarung von etwas unbeschreiblich Schrecklichem, und die Stimme, mit der ich spreche, beachtet man nicht.

Der Baum war nicht weit weg vom Haus; eines Nachmittags ging Oliver allein dorthin. Der Esel hatte sein Seil um den Baum gewickelt und stand nun still. Die Ziege blickte Oliver ruhig an mit ihren seltsamen Augen, die aussahen wie gelbgraue Steine mit Einsprengseln aus schwarzem Stein. Irgendwo zwischen den blauen Plastikflaschen krähte ein Hahn.

Der Baum war lebendig, silberne Blätter flüsterten im Sonnenlicht, schwarze Oliven wuchsen an seinen Zweigen. Aber der Stamm war hohl, er war nur noch die Schale eines Baumes, in dessen uralter, gewundener Form Dunkelheit herrschte. Die dicke graugrüne Rinde, die zerfurcht und gerunzelt war, stand weit offen, als hätten zwei Hände sie aufgerissen. Der Baum hatte nicht die Gestalt einer Frau, und doch war er wie eine Frau geformt, als hätte eine Frau den Baum wie ein Kleid getragen und wäre dann herausgeschlüpft.

Wo ist sie jetzt? fragte sich Oliver. Er beobachtete die Ohren des Esels. Worauf lauschten sie? Er beobachtete die Augen der Ziege. Was sahen sie, was er nicht sah? Wieder krähte der Hahn.

»Hier?« fragte Oliver.

Die Blätter flüsterten.

»Wohin?« fragte Oliver.

Der hohle Baum hielt ihm seine Dunkelheit entgegen. Der

Esel ließ sein schreckliches Geschrei ertönen, die Ziege starrte Oliver an, der Hahn krähte zum dritten Mal. Oliver näherte sich dem Baum. Es kam ihm so vor, als hörte er Musik, aber er hätte sie nicht beschreiben können. Vielleicht existierte diese Musik nur in seiner Phantasie.

Oliver befand sich im Inneren des Baumes, er wußte nicht, wie er dorthin gelangt war. Einen kurzen Augenblick lang sah er die Steinmauern und die Olivenbäume hinter der Straße, den blauen Himmel und die silbrigen Blätter, den grünen Schatten, das goldene Sonnenlicht und einen gelben Fleischwolf aus Plastik, der am Straßenrand lag; dann verschwamm alles, was oberhalb von ihm gewesen war – er stürzte, er fiel, mit einem Gefühl der Übelkeit im Magen. In ihm und um ihn herum war ein großes Seufzen und Säuseln; er dachte an die Augen der Ziege, die Ohren des Esels.

Während er fiel und fiel und die Dunkelheit in ihm wie ein schwarzer Frosch hüpfte, begann Oliver zu weinen, aber nicht aus Angst, er weinte aus Trauer. Seine Kehle war wie zugeschnürt, während er um etwas weinte, das er verloren hatte, ohne es zu kennen. Dabei stürzte er die ganze Zeit weiter in die Tiefe und fragte sich, wann er auf dem Grund zerschmettern würde wie ein Ei, das aus dem Nest fällt.

In ihm schrie, ja brüllte etwas einen Namen: PERSEPHONE. Er hatte das Gefühl, sein Schädel müßte davon zerbersten, seine Knochen davon zerbrechen. Er fiel noch immer, er war nirgendwo, nichts als schwarze Dunkelheit umgab ihn, und aus diesem Schwarz tauchte die Erinnerung an das Gesicht auf, das er manchmal in seinen Träumen sah. Dachte er es oder dachte es ihn? Auf unerklärliche Weise war es um ihn, als er fiel. Es wurde immer größer, schwarze Kleckse auf hellem Grün, wie Löcher in grünem Papier. Aber das Grün war eher wie fahles kaltes Feuer. Kalt, ja, es war bitter kalt, eiskalt, und ein frostiger Wind blies.

Oliver begann zu begreifen, daß es das Gesicht von Hades war, das ihn auf allen Seiten umgab; es nahm kein Ende, das steinerne schwarze und kalte grüne Feuer drehte und drehte sich, eine rotierende Leere, die geradewegs in die Tiefe ging. Oliver fiel und fiel, fiel weiter durch dieses Feuer, während sich des Hades Lippen leise bewegten und sein Mund tonlos PERSEPHONE schrie.

Wie das Meer eine Höhle überflutet, so wurde Oliver von dem Gedanken an Hades und Persephone erfüllt. Er wußte mit einem Mal, daß der grüngoldene Sommer oben auf der Erde für Hades Winter bedeutete, seine schwarze, tote Zeit, die verlorene und geraubte Zeit ohne Persephone. Persephone war der Inbegriff der Schönheit, und sie war in diese andere Welt hinaufgegangen, wo das Sonnenlicht in den Olivenhainen flüsterte. Wie konnte Hades wissen, ob sie jemals zu ihm zurückkehren würde? Warum sollte sie als seine schwarze Königin in das düstere Reich des Todes zurückkehren wollen? Der König der Toten tobte und weinte vor Schmerz, und dabei drehte und drehte er unaufhörlich und langsam sein zorniges Gesicht in der Unterwelt.

Noch immer fiel Oliver, und immer noch stürmte aus der Tiefe dieses sich langsam drehende Gesicht nach oben und auf ihn ein, während er fiel. Der Gedanke daran war so schrecklich und tragisch, daß er ihn kaum ertragen konnte, sein Kopf schmerzte vor Anstrengung. »Ich glaube, ich muß sterben«, sagte er. Aber er starb nicht.

Er fiel nicht mehr, das langsam sich drehende Gesicht von Hades war verschwunden. Oliver sah die Augen der Ziege, er sah die Ohren des Esels, die lauschend nach hinten gestellt waren. Er hörte den Hahn krähen und die Blätter der Olivenbäume flüstern. Er stand in dem leuchtend grünen Schatten des Olivenhains vor dem weiblich geformten Baum, der ihm seine Leere entgegenhielt. Vielleicht war überhaupt nichts geschehen?

In seiner Hand fühlte Oliver einen Stein, den er bequem halten konnte und der ein angenehmes Gewicht hatte. Es war ein gelbliches Stück Stein mit scharfen Kanten und unregelmäßigen Facetten, die spitz auf eine dreieckige Grundlinie zuliefen; es sah aus wie eine abstrakte Skulptur von gewaltiger Größe, wie ein Gedenkstein. An einer Stelle war eine flache Vertiefung, in die gerade sein Daumen paßte. Als er den Daumen zurückzog und den Stein in einem bestimmten Winkel zum Licht hielt, füllte sich diese Höhlung mit dem Schatten eines großen Vogels aus dem Totenreich, der ihm den Rücken zukehrte. Er wußte, daß es ein mächtiger Vogel war: es war ein Vogel des Verlusts, ein geflügelter Schmerz um das, was für immer verloren war. Der Gedanke überwältigte ihn plötzlich, und er weinte.

Für Oliver war der Stein sein Hades-Stein. Tagsüber trug er ihn in seiner Tasche, nachts legte er ihn unter sein Kopfkissen. Er schrieb oder zeichnete nicht darauf; mit seinem Daumen ertastete er die Umrisse des Schattenvogels. Er stellte sich vor, er würde seine schwarzen Schwingen ausbreiten, und rätselte über sein unbekanntes Gesicht.

Als Oliver und seine Eltern von Paxos zurückkamen, wirkten die Straßen Londons häßlich und grau.

»Hades«, flüsterte Oliver.

»»Die Hölle hat keine Grenzen, und sie ist nicht auf einen bestimmten Ort festgelegt‹«, sagte sein Vater, »»denn wo wir sind, ist auch die Hölle, und wo die Hölle ist, dort müssen wir für immer bleiben.‹«

»Laß nicht immer andere für dich sprechen«, entgegnete Olivers Mutter.

Als Oliver wieder in die Schule ging, hatte er den Hades-Stein in der Tasche, er paßte in seine Hand, sein Daumen paßte in die Vertiefung.

Es war ein kalter September, die Luft war grau, die Straßen waren grau, der Asphalt auf dem Schulhof war hart unter Olivers Füßen.

Und da war wieder Geoffrey. »Hallo, Olivenöl«, sagte er.

Oliver sagte nichts. Er sah den Olivenbaum, der ihm seine schwarze Leere entgegenhielt; mit seinem Daumen betastete er die Umrisse des Schattenvogels, dessen Gesicht er noch nicht gesehen hatte.

»Was ist los?« fragte Geoffrey, »hat dir einer die Zunge abgeschnitten?«

Oliver holte den Stein aus seiner Tasche. »Weißt du, woher der ist?«

»Nein. Woher denn?«

»Vielleicht wirst du es bald erfahren. Die Hölle hat keine Grenzen – hast du das gewußt? Sie ist überall, wo wir sind.«

»Ich glaube, bei dir tickt's nicht ganz richtig, Olivenöl.«

»Vielleicht wird's dir gleich genauso gehen.« Oliver wollte Geoffrey etwas abverlangen, wollte Geoffrey den Schmerz fühlen lassen, den er fühlte, ohne zu wissen, warum. »Im Inneren des Baums ist es dunkel«, sagte er.

»Scheint so, als ob es in deinem Kopf dunkel ist.«

»Nichts ist ewig: Der Sommer kommt und der Sommer geht. Geoffrey kommt...«

»Aber er geht ganz bestimmt nicht, Olivenöl.«

Oliver ging drei Schritte zurück. Er neigte den Kopf und lauschte der mächtigen Stimme, die durch den Esel sprach. »Die Dunkelheit wartet; der Esel sagt, geh.«

»Du bist der Esel, und ich glaube, du brauchst ein paar ordentliche Schläge.«

Oliver ging drei Schritte nach links. Er machte Augen, die aussahen wie gelbgraue Steine mit Einsprengseln aus schwarzem Stein. »Die Ziege sagt, geh.«

»Mäh«, sagte Geoffrey. »Versuch doch mal, ob ich gehe?«

Oliver machte drei Schritte vorwärts. Er krähte unhörbar. »Der Hahn sagt, geh. Denn es ist Zeit.«

»Es ist schon zu spät, Olivenöl«, sagte Geoffrey und zog seine Faust zurück.

Oliver hielt den Hades-Stein so, daß der große Schattenvogel auftauchte. Er sah, wie sich der Vogel hoch in die Lüfte erhob, er sah sein Gesicht, das schwarz war wie Erde und Asche, grün wie fahles Feuer. »Es ist Zeit, daß du gehst«, sagte er zu Geoffrey, als der Schattenvogel herabstieß.

Oliver war allein und fiel endlos, während das sich langsam drehende Gesicht von Hades von allen Seiten auf ihn zustürzte. Nein, nicht endlos – er fiel nicht mehr, und es war das unbewegliche Gesicht der Schulschwester, das er sah, als er zu sich kam, nachdem sie ihm eine kleine Flasche unter die Nase gehalten hatte. Den Hades-Stein hatte er nicht mehr in der Hand.

»Bist du wieder bei uns?« fragte die Schwester.
»Was ist passiert?«
»Offenbar bist du von der Anstrengung ohnmächtig geworden.«
»Von welcher Anstrengung?«
»Geoffrey sagt, du hättest ihm einen Judogriff gezeigt.«
»Wo ist Geoffrey jetzt?«
»Sie haben ihn ins Krankenhaus gebracht, er muß am Kopf genäht werden. Der Schulhof ist nicht der geeignete Ort, um Judo zu trainieren. Ihr hättet euch ernstlich verletzen können.«
»Es wird nicht wieder vorkommen.«
»Hoffentlich.«

»Da hast du deinen Stein zurück«, sagte Geoffrey später. »Das ist ein komisches Ding. Als du mich damit geschlagen hast, habe ich ein riesiges, großes Gesicht gesehen, das mich auf allen Seiten umgab, es war grün und schwarz und drehte sich die ganze Zeit.«
»Ich habe das Gesicht auch gesehen«, sagte Oliver.
»Wo? Wann?«
»Auf Paxos, vor einem Monat.«
»Wie kam das?«
»Darüber kann ich nicht sprechen.«
»Ich gebe dir eine *Iron Maiden* Kassette für den Stein.«
»Nein, das geht nicht.«
»Es klebt aber mein Blut dran.«

»Ich habe noch einen anderen guten Stein aus Paxos, vom Strand; den gebe ich dir, aber du mußt aufhören, mich Olivenöl zu nennen.«
»Okay.«

Das Herbsttrimester verlief für Oliver gut; die Jungen schienen ihn jetzt mit anderen Augen zu sehen. Sie führten ein Stück über König Arthur auf, und Oliver bekam die Rolle des Merlin.

Im Jahr darauf wurden Olivers Eltern geschieden. Oliver und seine Mutter blieben in dem Haus, sein Vater zog in eine Wohnung in Chelsea.

Oliver träumte oft von der Dunkelheit im Inneren des Olivenbaumes und dem langsam sich drehenden Gesicht von Hades, aber er versuchte nie wieder, etwas mit dem Hades-Stein zu machen; er lag auf seinem Schreibtisch, und die Flecken von Geoffreys Blut darauf wurden allmählich dunkler. Manchmal hielt er ihn in der Hand und betastete mit seinem Daumen die Umrisse des großen Schattenvogels.

ZWERGHIRSCH
UND AFFE

Ein Zwerghirsch war mit einem Affen befreundet, und ihre Freundschaft war sehr innig. Wohin sie auch gingen, sie blieben ständig zusammen, und immer machten sie etwas gemeinsam. Eines Tages sagte der Affe zu dem Zwerghirsch: »Ich habe das Gefühl, unser Leben wird immer schwieriger. Jedesmal wenn wir etwas essen wollen, werden wir von Menschen verfolgt, die uns töten wollen.« – »Das ist wahr«, antwortete der Zwerghirsch, »denn immer wenn wir etwas essen, stehlen wir es aus den Pflanzungen der Menschen.« – »Und was sollen wir tun, damit wir in Ruhe leben können und ohne Furcht, von den Menschen getötet zu werden?« fragte jetzt der Affe. »Wir müssen selbst etwas pflanzen«, antwortete da der Zwerghirsch. »Wir selbst müssen das pflanzen, was wir mögen. Und wenn wir die Früchte unserer eigenen Pflanzung ernten, werden wir bestimmt nicht mehr von den Menschen bedroht, verfolgt und getötet werden.« – »Gut«, fuhr der Affe fort, »komm, laß uns beginnen und etwas pflanzen. Aber was pflanzen wir denn am besten?« – »Zunächst ist es am besten, wir pflanzen jeder einen Bananenbaum«, antwortete der Zwerghirsch. »Ein Bananenbaum ist leicht zu pflanzen und nicht schwer zu pflegen.« – »Gut, laß uns anfangen«, sagte da der Affe. »Aber ich habe noch einen Vorschlag. Am besten ist es, wir pflanzen die Bäume gemeinsam und essen auch ihre Früchte gemeinsam, nachdem wir sie gerecht aufgeteilt haben.« – »Sicherlich«, sagte da der Zwerghirsch, »laß uns anfangen.«

Zwerghirsch und Affe begannen nun, Bananen zu pflanzen. Der Zwerghirsch setzte einen Baum, und der Affe setzte auch einen Baum. Die Pflanze des Affen konnte aber keine Früchte tragen, weil er jedesmal, wenn die jungen Blattspitzen hervorkamen, den Baum bestieg und sie abbiß. Schließlich ging der von dem Affen gepflanzte Bananenbaum ein. Die Pflanze des Zwerghirschs aber wuchs und gedieh und trug am Ende Früchte. Als die Früchte dann zu reifen begannen, flocht der Zwerghirsch einen Korb, um später die gepflückten Bananen hineinzutun. Weil aber der Zwerghirsch nicht klettern konnte, bat er den Affen, ihm zu helfen und die Bananen zu pflücken, um sie dann gerecht aufzuteilen. Der Affe zeigte sich einverstanden und nahm den Korb, den ihm der Zwerghirsch reichte, um die Bananen hineinzulegen. Dann kletterte er mit dem Korb hinauf. Doch angesichts der reifen Bananen kam ihm ein gemeiner Gedanke: er pflückte die reifen Bananen eine nach der anderen, aß sie und legte nur ihre Schalen in den Korb. Als er alle Bananen gegessen hatte, stieg er wieder hinunter und sagte, während er dem Zwerghirsch den Korb mit den Bananenschalen gab: »Das ist dein Anteil. Ich habe schon oben alles gleichmäßig aufgeteilt, und meinen Anteil habe ich gleich gegessen. Das, was noch da ist, gehört alles dir.« Der Zwerghirsch nahm den Korb, und als er bemerkte, daß er nicht mit Bananen, sondern nur mit Schalen gefüllt war, wurde er sehr zornig. Aber er konnte nichts tun, als seinen Zorn weiter wachsen zu lassen. Er bereute, sich mit einem so niederträchtigen Affen befreundet zu haben. Doch er konnte seinem Groll keinen freien Lauf lassen, weil der Affe schnell auf einen Baum kletterte und ihn verspottete.

Einige Wochen später wuchs aus dem Wurzelstock des von dem Zwerghirsch gepflanzten Bananenbaums ein neuer Trieb. Der Zwerghirsch freute sich sehr, als er das sah, und dachte: Das letzte Mal bin ich von dem Affen betrogen worden und habe nichts von meiner Bananenernte bekommen. Jetzt trägt mein Baum wieder Früchte. Das ersetzt meinen früheren Verlust. Diesmal werde ich mich auf keinen Fall von diesem verfluchten Affen betrügen lassen. Seitdem bewachte er den Baum sehr sorgfältig und hütete ihn Tag und Nacht aus Angst, von dem Affen wieder überlistet zu werden. Eines Tages dann, als die Bananen des

Zwerghirschs herangereift waren, kam der Affe. »In welcher Absicht kommst du hierher?« fragte der Zwerghirsch voller Zorn. »Ich habe gesehen, daß deine Bananen reif sind«, antwortete der Affe, sah eine Weile zu den Bananen und schluckte den Speichel hinunter. »Was geht es dich an, daß meine Bananen reif sind?« – »Vielleicht erinnerst du dich noch an unser früheres Versprechen: Unsere Ernte soll gleichmäßig aufgeteilt werden. Und deswegen komme ich hierher, um meinen Teil abzuholen.« – »Nein! Ich gebe dir nichts davon ab«, fauchte da der Zwerghirsch. »Du hast mich damals betrogen. Du hast die Bananen allesamt gegessen und mir nur ihre Schalen gegeben. Ich werde dir nicht das geringste abgeben.« – »Du denkst also noch daran, was damals geschah«, sagte jetzt der Affe enttäuscht. »Sicherlich! Mein ganzes Leben lang werde ich es nicht vergessen.« – »Und wenn ich dich jetzt um Verzeihung bitte?« – »Nein! Ich gewähre dir keine Verzeihung!« – »Du willst mir also keinen auch noch so kleinen Teil abgeben?« fragte der Affe jetzt Mitleid erheischend. »Nein! Wie es auch sei, ich gebe dir nichts«, antwortete der Zwerghirsch mit fester Stimme. »Wenn es so ist, dann ist alles klar, und ich werde sofort gehen«, sagte nun der Affe enttäuscht. Aber in dem Moment kam ihm ein Gedanke, und wie er den Platz verließ, sagte er: »Während wir uns nicht sahen, hast du bestimmt das Klettern gelernt und kannst es jetzt. Nun, dann ist das ja auch erledigt. Steig nur auf deinen Baum. Ich werde dich nicht weiter belästigen. Lebe wohl, und viel Freude an deiner Ernte.«

»Ha, warte doch«, rief da der Zwerghirsch. Er dachte daran, daß er nicht klettern und deshalb auch die Bananen nicht pflücken konnte, wenn ihm der Affe nicht half. »Was? Ist es nötig, daß du mich aufhältst? Du hast doch gesagt, daß du mir nichts abgeben wirst! Warum willst du mich aufhalten? Soll ich zusehen, wie du deine Geschicklichkeit im Klettern zeigst, und mit ansehen, wie du alle Bananen ißt?« sagte jetzt der Affe. »Sei doch nicht so. Ich möchte dich um deine Hilfe beim Klettern und Pflücken bitten. Ich kann doch nicht klettern.« – »Ach nein! Ich will nicht. Du

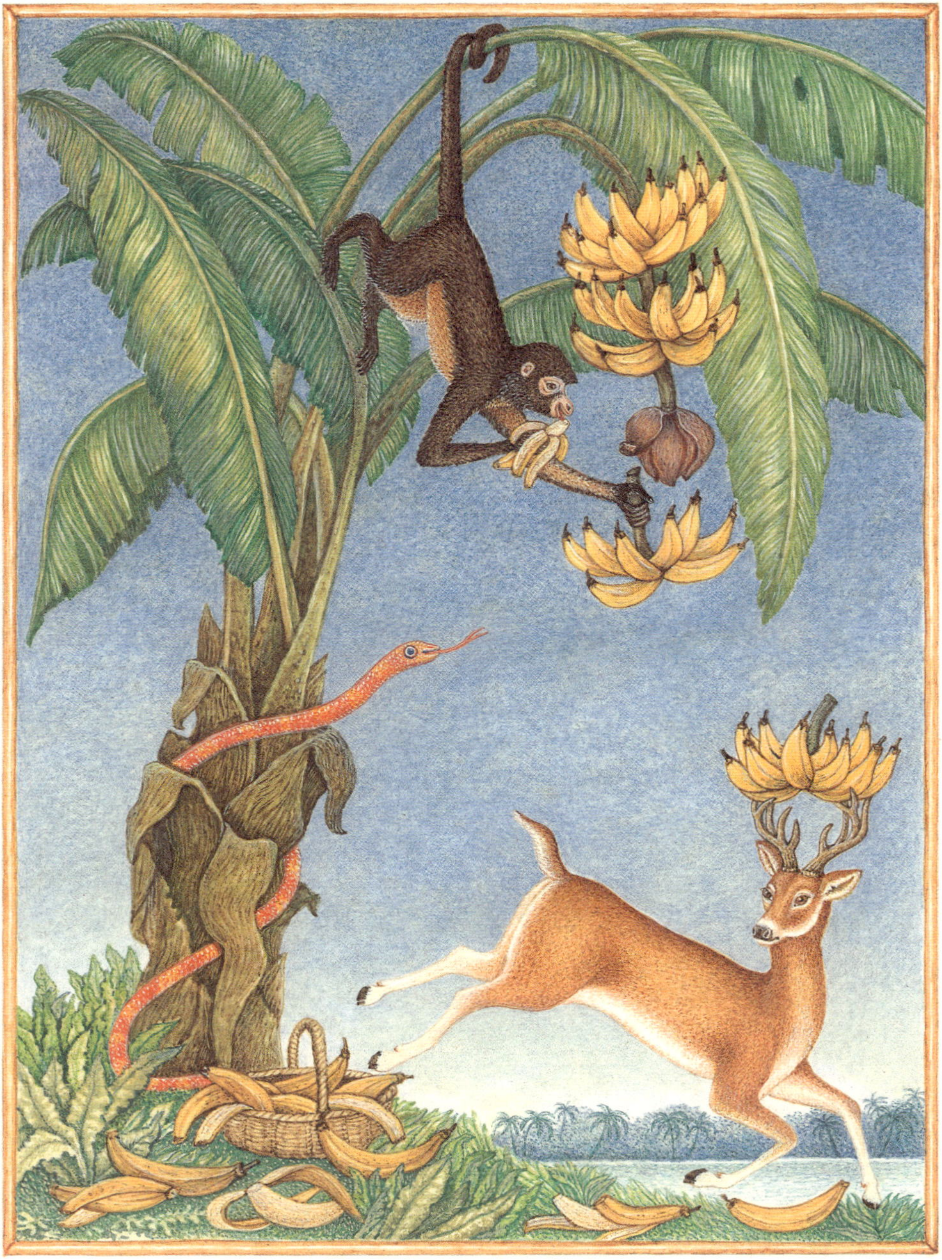

willst mir ja auch nichts geben.« – »Ich werde dir dann einen Teil abgeben«, fuhr der Zwerghirsch fort. Tatsächlich war er unsicher und besorgt, den Affen zu den Bananen hinaufsteigen zu lassen, doch wenn er selbst nicht klettern konnte, was sollte er da tun? Es blieb ihm nichts übrig, als den Affen zu bitten, und so sagte er: »Hilf mir. Besteige den Bananenbaum. Ich werde dir nachher die Hälfte abgeben.« Während er das sagte, gab er dem Affen den Korb. Der nahm ihn und begann hochzuklettern. Oben angekommen, kam ihm angesichts der reifen Bananen wieder jener gemeine Gedanke, und er begann die Bananen eine nach der anderen abzupflücken, zu schälen und zu essen. Als der Zwerghirsch dies sah, wurde er zornig. Wenn er das zuließ, würde er sicher wieder keine Banane zu essen bekommen.

Da fiel ihm eine List ein, wie er die Niedertracht des Affen vereiteln konnte, und er begann, den Affen zu beschimpfen und zu schmähen. »Ha, Affe. Befriedige dein Herz nur beim Bananenessen. Schon vorher wußte ich, daß du gefräßig, gierig und selbstsüchtig bist. Ich ließ dich hinaufsteigen, weil ich deine Gefräßigkeit kenne. Du bist gemein. Dein Herz ist schlecht. Ich werde meinen Anteil bestimmt nicht bekommen. Gemeiner Affe! Schlechter Affe!« Der Affe wurde sehr zornig, als er diese Beschimpfungen und Schmähungen hörte, und bewarf zunächst den Zwerghirsch mit den Bananenschalen. Aber der lachte nur über diese Würfe und fuhr fort, zu schimpfen und ihn zu schmähen. Da wurde der Affe immer zorniger und bewarf den Zwerghirsch ohne Unterlaß. Mit der Zeit, und weil er so in Wut geriet, warf er nicht mehr nur die Schalen auf den Zwerghirsch, sondern ganze Bananen. Der hob die Früchte eine nach der anderen auf und aß sie, wobei er ständig über die Würfe des Affen lachte und ihn immer weiter beschimpfte und schmähte. Schließlich waren keine Bananen mehr da. Der Affe hatte sie alle gepflückt und damit den Zwerghirsch beworfen.

Auf diese Weise hatte der Zwerghirsch dem Affen den Betrug heimgezahlt. Der Affe hatte kaum von den Bananen essen können, weil er den größten Teil nach dem Zwerghirsch geworfen hatte. Als keine Bananen mehr da waren, merkte der Affe, daß diesmal er der Betrogene war. Und da er sich schämte, verließ er den Zwerghirsch. Seitdem sind Affe und Zwerghirsch keine Freunde mehr.

VIER FREUNDE UND EIN PFIRSICHBAUM

Ein Goldfasan, ein Hase, ein Affe und ein Elefant schlossen in grauer Vorzeit Freundschaft.
Der Goldfasan verstand sich auf die Kunst des Fliegens. Als die Tiere vom wundersamen Pfirsichbaum hörten, der zehntausend Jahre alt war und zu allen Jahreszeiten Früchte trug, beauftragten sie den Goldfasan, einen Schößling zu holen. Nach dreiunddreißig Tagereisen kehrte der Goldfasan zurück. Da sich der Hase auf das Setzen von Bäumen verstand, pflanzte er den Schößling ein. Dem Affen waren die wohlschmeckenden Früchte dieses Baumes bereits bekannt, daher versuchte er durch Düngung das Wachsen zu fördern. Der Elefant hoffte ebenfalls auf ein baldiges Schmausen; deshalb sog er täglich einmal den Rüssel voll Wasser und begoß damit das Bäumchen.

Unter der gemeinsamen Fürsorge wuchs der Baum schnell heran und trug Früchte.

Eines Tages entdeckte der Goldfasan in der äußersten Baumspitze die ersten reifen Pfirsiche. Ich habe den Schößling mühsam herbeigeholt, dachte er, mein Verdienst ist also am größten! Keiner darf mir verwehren, als erster zu ernten! So fraß er sich jeden Tag in der Baumkrone satt.

Für den Affen war die Sache auch nicht schwierig. Wollte er etwas fressen, kletterte er auf den Baum, war er satt, kam er wieder herunter.

Auch der Elefant bekam seinen Teil. Er konnte mit seinem langen Rüssel an die unteren Äste reichen und füllte sich seinen Bauch mit Pfirsichen.

Am schlechtesten kam der kleine Hase weg. Er schaute sehnsüchtig zu den Früchten hinauf, deren Duft ihm in die

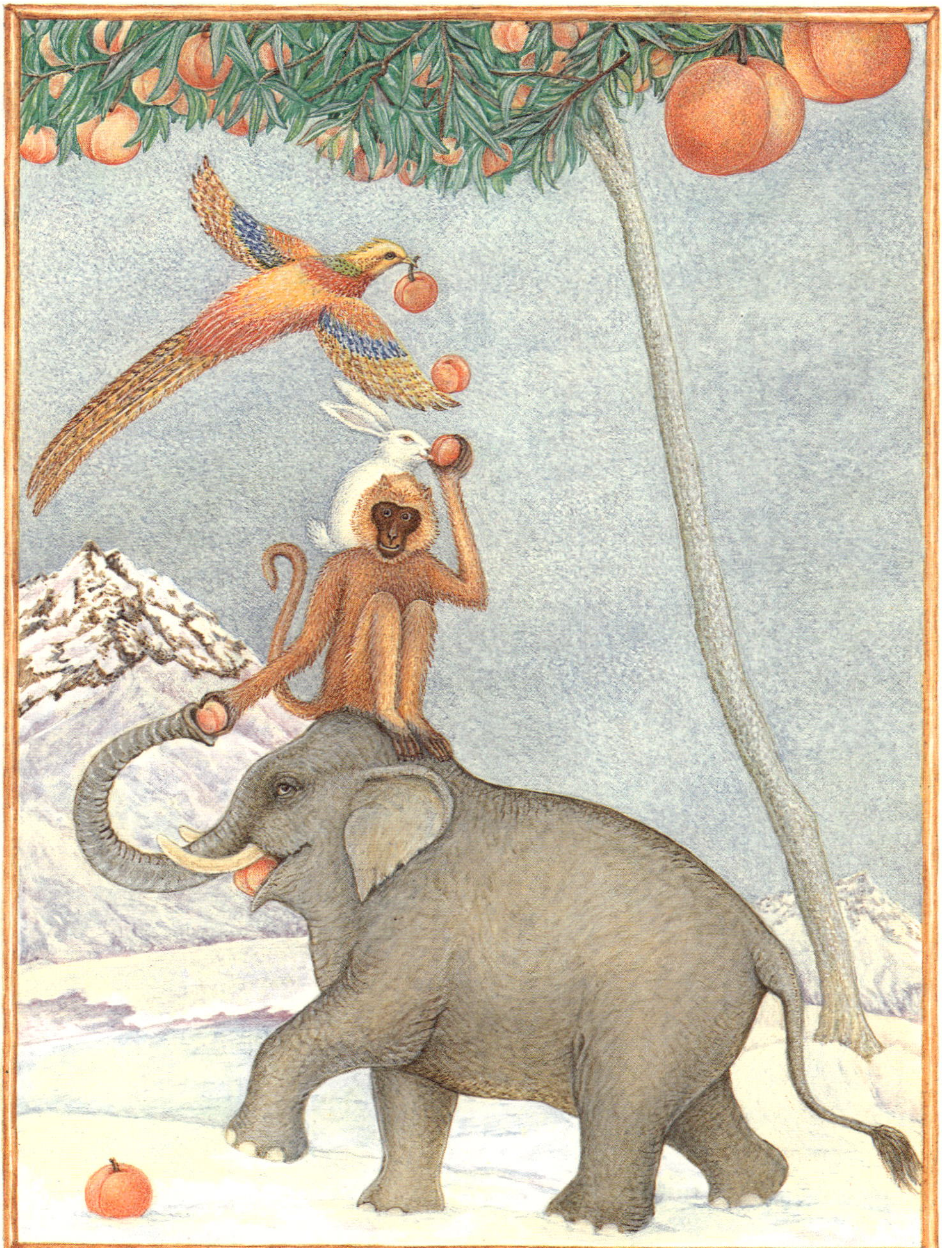

Nase zog, leckte sich die Lippen und hoppelte ratlos hin und her.

Der Baum wuchs höher und höher. Eines Tages erreichte selbst der große Elefant mit seinem Rüssel keine Pfirsiche mehr. So begann der Streit zwischen den Freunden. Elefant und Hase verbündeten sich gegen Goldfasan und Affen: »Diese Ungerechtigkeit dulden wir nicht länger! Nur ihr beiden könnt Pfirsiche ernten, und wir können nichts mehr bekommen, weil der Baum zu hoch für uns ist! Ihr müßt wissen, daß wir es waren, die den Baum gepflanzt und begossen haben!«

Der Hase fügte noch hinzu: »Außer ein paar herabgefallenen Blättern habe ich noch nie etwas von diesem Baum erhalten!«

Aber der Goldfasan und der Affe waren nur auf sich bedacht und scherten sich überhaupt nicht um diese Vorhaltungen. Als der Elefant und der Hase schließlich nicht weiter wußten, suchten sie einen Weisen auf, der den Streit entscheiden sollte. Der Weise sprach: »Ihr vier solltet ablassen vom Streit! Soweit ich weiß, gab es hier ursprünglich keinen solchen Baum. Woher stammt also dieser Baum, und wie ging es zu, daß er hier gewachsen ist? Wenn ihr mir das sagt, kann ich euch vielleicht einen Rat geben.«

»Weiser!« fing der Goldfasan an. »Ich stimme dir zu, daß es hier ursprünglich einen solchen Baum nicht gab. Ich habe in dreiunddreißig harten Tagereisen einen Schößling herbeigeschafft. Sollte ich bei solch großen Verdiensten keine Früchte ernten dürfen?«

»Es trifft zu, daß der Goldfasan den Schößling herbeigeschafft hat«, sagte der Hase, »aber er wußte damit nichts anzufangen. Erst als ich daran ging, den Schößling einzupflanzen, ist ein Baum daraus geworden. Nur ein paar Blätter, die zufällig herabfielen, habe ich verspeisen können. Wie allerdings die Pfirsiche schmecken, weiß ich bis heute noch nicht! Sag, ist das gerecht?«

»Auch meine Verdienste sind nicht gering«, sagte der Affe. »Erst durch mein regelmäßiges Düngen konnte der dünne Schößling zu einem starken Baum gedeihen!«

»Obwohl der Schößling hergebracht worden ist«, bemerkte der Elefant, »ihn einer gepflanzt hat und ein anderer für die Düngung sorgte, wäre der Schößling ohne mich vertrocknet. Daher habe ich jeden Tag mit meinem Rüssel Wasser aus dem Fluß herbeigeschafft und ihn begossen. Erst dadurch konnte der Baum wachsen! Warum sollte ich bei solchen Verdiensten keine Früchte genießen dürfen?« Darauf sprach der Weise: »Wenn dem so ist, dann hat jeder von euch für das Wohl des Baumes gesorgt. Jeder verdient deshalb, von den Früchten zu essen! Der Streit zwischen euch wird sofort aufhören, wenn ihr gründlich darüber nachdenkt, auf welche Weise alle der Früchte teilhaftig werden können. Dann wird das Mißtrauen zwischen euch verschwinden und dafür die Brüderlichkeit wieder ihren Platz einnehmen!«

Diese Worte leuchteten allen ein. Sie berieten sich und fanden die richtige Lösung: Sie wollten von nun an immer gemeinsam ihr Mahl einnehmen! Der Elefant sollte sich unter den Baum stellen, der Affe auf den Rücken des Elefanten und der Hase auf den Rücken des Affen klettern. Und der Goldfasan müßte auf den Rücken des Hasen fliegen. Dann sollte der Goldfasan die Pfirsiche pflücken und dem Hasen hinabreichen, dieser sollte sie dem Affen und der Affe dem Elefanten geben.

Auf diese Weise lernten die vier Freunde, in Eintracht die wunderbaren Früchte eines wunderbaren Baumes zu ernten und zu verzehren.

DER SANDELBAUM

Es war einmal ein Mann, der hatte zwei Töchter und einen Sohn. Er beabsichtigte, den Sohn zu verheiraten. Der Sohn sagte: »Wenn Ihr mich verheiraten wollt, so findet ein solches Mädchen für mich, wie es meine Schwester ist, ein anderes brauche ich nicht. Findet ihr nicht so eine wie sie, dann heirate ich meine Schwester.«

Mutter und Vater suchten das erste Stadtviertel ab, durchstreiften das zweite Stadtviertel, schließlich hatten sie alles abgesucht, aber ein Mädchen wie seine Schwester fanden sie nicht.

So waren sie gezwungen, ihn mit der Schwester zu verheiraten. Während sie sich zur Hochzeit rüsten, könnt ihr mich über das Mädchen ausfragen.

Die Schwester saß da und las Weizen aus, da kam ein Vöglein angeflogen und sagte: »Gib mir zwei Weizenkörnchen, dann will ich dir eine Neuigkeit mitteilen!« Das Mädchen gab dem Vöglein zwei Körnchen, das Vöglein sagte: »Dich verheiratet man mit deinem eigenen Bruder.« – »Na, verfluchter Vogel, was für Worte!« antwortete sie.

Wieder saß die Schwester da, diesmal kam ein Täubchen und sagte: »Gu-gu-gu, gib mir zwei Körnchen, ich werde dir eine Neuigkeit mitteilen.« Das Mädchen gab zwei Körnchen hin, und die Taube sagte: »Dich verheiratet man mit deinem Bruder!« – »Mach dich fort, Taugenichts«, sagte sie.

Dann trat die Schwester heran, sie nagte an einem Knochen. Die ältere Schwester sagte: »Gib mir auch davon.« – »Wie kannst du Fleisch essen, das zu deiner Hochzeit bereitet wurde?« – »Mit wem verheiratet man mich denn?« fragte das Mädchen. »Mit deinem Bruder«, antwortete die Schwester.

Da begriff das Mädchen alles. Ein Rabe kam angeflogen. »Iß

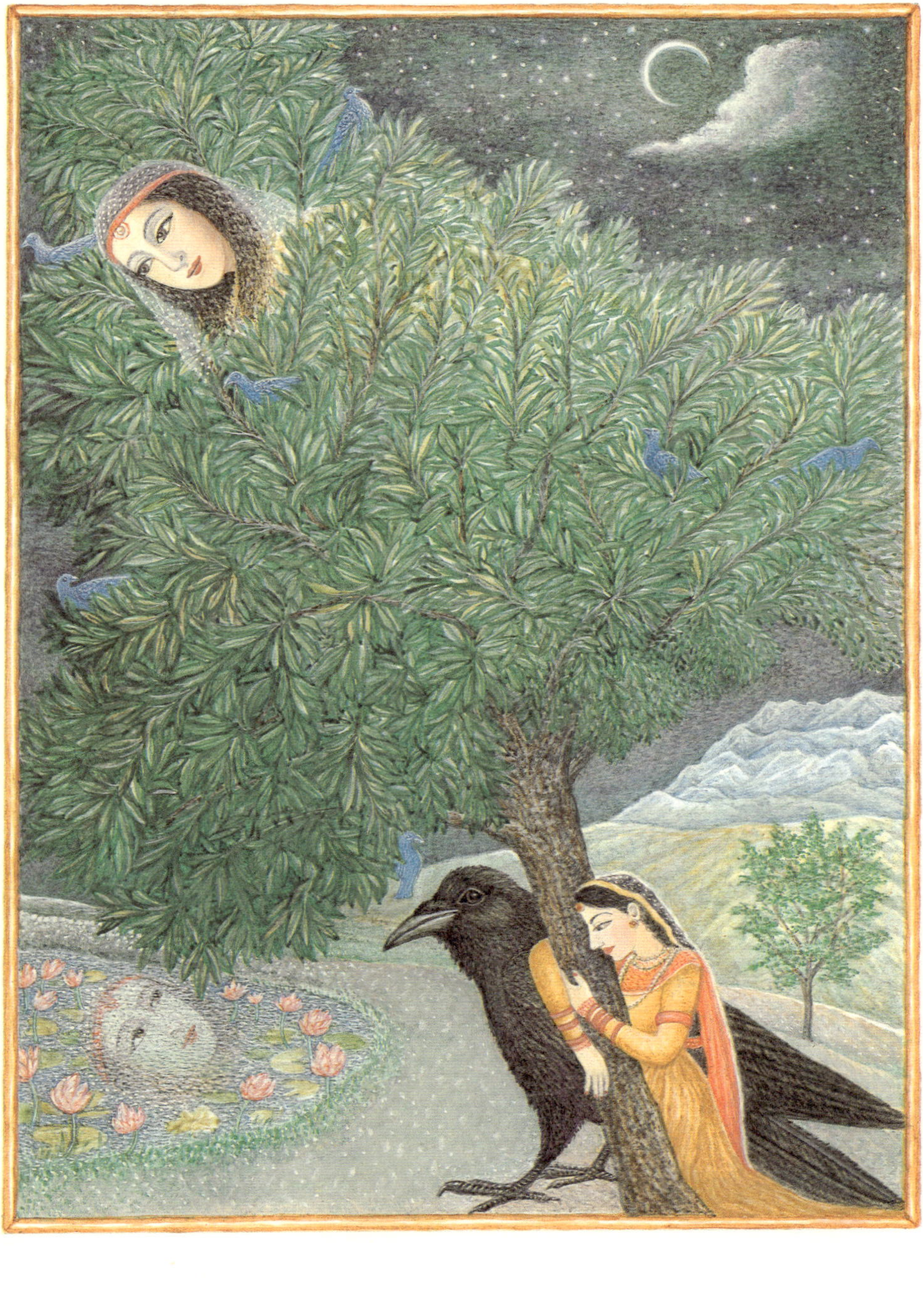

dich am Korn satt, dann nimm mich auf und hebe mich hoch und bring mich fort von hier«, sagte sie zu dem Raben. Der Rabe pickte so viele Körnchen auf, bis er satt war und nahm das Mädchen auf den Rücken. Das Mädchen sagte:

Zum Sandelbaum, zum Sandelbaum hinauf,
wenn die Peitsche knallt, so steige höher auf!

Daraufhin stieg der Rabe auf. Unterdessen kamen Mutter und Vater heran und flehten den Raben an herabzufliegen. »Früher wart ihr mir Mutter und Vater, jetzt aber wurdet ihr mir Schwiegermutter und Schwiegervater«, sprach das Mädchen und von neuem sang sie:

Zum Sandelbaum, zum Sandelbaum hinauf,
wenn die Peitsche knallt, so steig noch höher auf!

Da schickten sie den Bruder, daß er die Schwester heimbrächte. Er redete auf sie ein, zurückzukehren. Sie sang abermals:

Zum Sandelbaum, zum Sandelbaum hinauf,
wenn die Peitsche knallt, so steig noch höher auf!

Die Eltern schickten das Schwesterchen, welches sie unter Tränen anflehte, sie möge es mitnehmen. Da tat ihr das Schwesterchen leid, und sie sagte:

Vom Sandelbaum, vom Sandelbaum laß ab,
wenn die Peitsche knallt, so laß mich kurz herab.

Langsam ließen sie sich hinab, nahmen das Schwesterchen und erhoben sich von neuem in die Lüfte. Die Eltern kamen, aber sie waren schon weit oben am Himmel.

Sie flogen und flogen, dann ließen sie sich auf einen Sandelbaum herab, und dort übernachteten sie.

Am nächsten Tag kam der Sohn des Padischah dorthin, um sein Pferd zu tränken, doch das Pferd scheute und wich vom Wasser zurück, welches glänzte. Da blickte der Jüngling auf den Baum, und dort saßen zwei Mädchen, die eine älter, die andere jünger. Die ältere war so schön, daß die Farben ihres Gesichts sich im Wasser widerspiegelten. Der Jüngling bat sie, vom Baum zu klettern, aber sie willigte nicht ein. Da warb der Jüngling Leute an und befahl ihnen, den starken Sandelbaum umzusägen. Sie sägten und sägten, und als nur noch ganz wenig zu sägen übrigblieb, sagten sie, daß sie ihn morgen zu Ende durchsägen würden. Nachdem die Leute fortgegangen waren, kletterte das Schwesterchen herunter und begann am Stamm des Baumes zu lecken. Da wurde der Baum wieder so wie früher. Die Leute kamen und sahen, der Baum stand da, als hätten sie ihn gar nicht angesägt.

Am nächsten Tag fingen sie von neuem an zu sägen, und als nur noch wenig zu sägen übrigblieb, ließen sie den Baum bis zum nächsten Tag so stehen. Die jüngere Schwester ließ sich hinab und leckte am Baum, der sein früheres Aussehen zurückerhielt. Die Leute kamen am nächsten Tag und sahen, alles war wie vordem. Am dritten wachten sie, und als sich das Mädchen herabließ, fingen sie es. Da war die ältere Schwester gezwungen, auch herabzusteigen. Der Prinz nahm sie zur Frau, und man feierte vierzig Tage und Nächte lang Hochzeit.

Der Padischah hatte aber schon drei Frauen, welche auf die neue Frau eifersüchtig waren. Sie gedachten sie umzubringen. Sie befestigten an dem Baum, der bei einem Wasserbecken stand, eine Schaukel und fingen an zu schaukeln. Als die Reihe an die jüngste Frau kam, schnitten sie den Strick durch, und sie fiel ins Wasser.

Als der Padischah kam, sagten sie ihm: »Wie deine junge Frau von der Straße gekommen ist, so ist sie auch wieder fortgegangen auf die Straße.«

Dem Schwesterchen gaben die Frauen des Padischah solch ein Wasser, daß es sich in ein Hirschlein verwandelte. Die älteste

Frau des Padischah stellte sich krank, und als ihr Mann kam, sagte sie zu ihm: »Ich zeigte mich den Medizinmännern, die befahlen mir, das Fleisch des Hirschs zu essen, der bei uns im Hause lebt, und mit seinem Blut den Leib abzureiben, nur dann kann ich gesund werden.«

Der Padischah rief sogleich nach zwei Fleischern. Als sie das Hirschlein schlachten wollten, bat es, man möge ihm erlauben, zum Wasserbecken zu gehen. »Schwester, Schwester, ich bin gefesselt, und ein großes Messer ist mir an die Kehle gesetzt.« So rief es. Aus dem Wasser antwortete die Schwester: »Ich habe zu beiden Seiten zwei Wiegen mit Hassan und Hussain, der, welcher an deine Kehle das Messer setzen will, dem soll das Messer stumpf werden.«

Als sie dem Mädchen die Hände und Füße gefesselt hatten, fingen sie an, es zu schlachten. Doch die Klinge des Messers wird stumpf und schneidet nicht. Noch einmal lassen sie es frei. Das Mädchen wendet sich von neuem an seine Schwester und wiederholt die vorigen Worte. Beim drittenmal lauern die Metzger ihm auf, und sie gehen hin und erzählen alles, was sie erfahren haben, dem Padischah. Er befiehlt, das Wasserbecken trockenzulegen. Als das Wasserbecken ausgetrocknet war, tritt aus ihm das Mädchen lebend hervor, und sogar mit zwei Söhnen – Hassan und Hussain, die in goldenen Wiegen liegen.

Alles das erfuhr der Padischah. Er ging zur ältesten Frau und fragte sie, was sie nehmen wolle: einen glühenden Backofen, ein scharfes, großes Küchenmesser oder ein schnelles Pferd? »Da ich die älteste Frau des Padischah bin, so nehme ich natürlich den glühenden Backofen, ich will darin Fladen backen und andere Dinge und nach Herzenslust essen.« Da warf der Padischah die älteste Frau in den glühenden Backofen. Dann ging er zu der mittleren Frau und fragte: »Ziehst du einen glühenden Backofen vor, ein großes Küchenmesser oder ein schnelles Pferd?« – »Da ich die Frau des Padischah bin, nehme ich das scharfe Messer, damit werde ich Fleisch schneiden und allerlei Gerichte zubereiten.« Und er zerhackte sie mit dem Messer in kleine Stückchen.

Dann ging er zur jüngsten Frau und bot ihr das gleiche an. Die Frau sagte: »Da ich die Frau des Padischah bin, so nehme ich das schnelle Pferd, täglich möchte ich auf dem Pferd reiten.« Sogleich band der Padischah sie an den Schweif des Pferdes und ließ es in dorniges Gesträuch laufen. Die Dornen zerrissen sie.

Nun führte der Padischah die junge Frau von neuem zur Trauung, schmauste sieben Tage und Nächte und gelangte ans Ziel seiner Wünsche, Allah ist groß. Ihr werdet auch alle ans Ziel eurer Wünsche gelangen, welche ihr nur habt.

DIE GESCHICHTE
VON DEM BAUM
MIT DEN DREI ÄSTEN

Es war einmal ein König, der hatte drei Söhne. Der eine hieß ʿAlaij ed-Dîn, der zweite hieß Bahâ ed-Dîn, und der dritte hieß Hasan der Kluge. Eines Tages erwachte der König mißgestimmt aus dem Schlafe, und er ging nicht in den Staatssaal hinab. Da ging der Wesir zu ihm hinauf und sprach zu ihm: »Was ist dir, o größter König unserer Zeit, daß du heute nicht heruntergekommen bist?« »Mein Wesir«, antwortete der König, »ich bin heute mißgestimmt; aber ich kenne den Grund meiner Mißstimmung nicht.« Der Wesir fuhr fort: »O größter König unserer Zeit, dies ist nur Überfluß an Blut in den Adern. Erhebe dich, wir wollen in den Garten gehen.« Da führte der Wesir ihn, und sie gingen in den Garten hinab.

Der König setzte sich im Garten nieder; dann aber schaute er sich innerhalb des Gartens um, indem er von Ort zu Ort schritt, bis er zu einem Baume kam, an dem dreierlei Äste waren; den schaute er an, und er sah, daß jeder Ast etwas Besonderes trug; doch an einem anderen Ast war gar nichts. Da rief er den Gärtner; als der Gärtner eilends ankam, fragte der König ihn mit den Worten: »Gärtner, was ist es mit diesem Baume? Was für ein Baum ist das?« Jener antwortete: »Hoher Herr König, dies ist ein Baum, der dreierlei Äste trägt; aber, hoher Herr König, jeden Tag entdecke ich, daß ein Zweig abgerissen ist, und ich weiß nicht, wer es ist, der ihn abreißt. Einmal sehe ich, daß in der Nacht ein roter Zweig abgerissen ist, in der nächsten Nacht ein blauer, in der dritten Nacht ein grüner.« Da wandte sich der König an den Wesir und sprach zu ihm: »Beim Leben meines Hauptes, wenn du nicht in Erfahrung bringst, wer diese Zweige abreißt, so lasse ich dir den

Kopf abschlagen.« »Zu Befehl«, erwiderte der Wesir, »aber, o größter König unserer Zeit, ich erbitte mir von dir einige Tage Frist.« Darauf sagte der König: »Geh, ich gebe dir vierzig Tage Frist.« Der Wesir ging nach Hause; doch er war betrübt und konnte nicht aus den Augen sehen.

Nun hatte der Wesir drei Töchter, und die jüngste von ihnen hatte ihren Vater so recht von Herzen lieb. Als die sah, daß ihr Vater betrübt war, sprach sie zu ihm: »Lieber Vater, warum bist du betrübt?« Doch er rief: »Geh mir aus den Augen!« Da ging sie fort; aber nach einer Weile kam sie wieder, trat bei ihrem Vater ein und sprach zu ihm: »Lieber Vater, so wahr mein Leben dir am Herzen liegt, sage mir, was dich bedrückt.« »Liebe Tochter«, antwortete er, »nach vierzig Tagen soll mir der Kopf abgeschlagen werden.« »Warum?« »Der König hat einen Baum mit dreierlei Ästen, von denen jeder Laub von besonderer Farbe trägt, und jede Nacht wird ein Zweig abgerissen, und der König will wissen, was das für ein Baum ist und wer den Zweig abreißt.« Wie die Tochter des Wesirs diese Worte von ihrem Vater vernommen hatte, sprach sie zu ihm: »Dies ist eine leichte Sache!« »Wie kann die leicht sein, liebe Tochter?« »Lieber Vater, du brauchst dir keine Gedanken zu machen; nach den vierzig Tagen werde ich dir sagen, was du dem König antworten sollst.« »Gut«, sagte der Wesir und blieb in seinem Hause, bis die vierzig Tage vorübergingen; als der letzte der vierzig Tage gekommen war, sprach der Wesir zu seiner Tochter: »Liebe Tochter, morgen muß ich zum König gehen; was soll ich ihm sagen?« Da antwortete sie: »Höre, lieber Vater, du sagst zum König: ›Dieser Baum ist in deinem Garten, und der Dieb, der den Zweig stiehlt, kommt nicht, um mir zu sagen, er sei es, der dort stiehlt. Aber, o größter König unserer Zeit, wenn du es unbedingt erfahren willst, so laß einen deiner Söhne im Garten wachen und in Erfahrung bringen, wer dort stiehlt.‹«

Am nächsten Tage begab sich der Wesir zum König und sprach zu ihm, wie seine Tochter ihm gesagt hatte. Als der König diese Worte von dem Wesir vernommen hatte, sprach er zu ihm:

»Wahrlich, du hast recht«; und er sandte sofort nach seinem ältesten Sohn 'Alaij ed-Dîn. Als 'Alaij ed-Dîn vor seinem Vater stand, fragte er: »Was wünschest du, lieber Vater?« Der König erwiderte: »Mein lieber Sohn 'Alaij ed-Dîn, du sollst in dem Garten wachen und in Erfahrung bringen, wer dorthin kommt und den Zweig stiehlt.« »Gern, lieber Vater«, sagte jener, machte sich auf den Weg, ging nach Hause, aß die Abendmahlzeit und war guter Dinge. Dann nahm er sein Ruhelager und begab sich in den Garten. Dort saß er nun und blieb wach bis Mitternacht; nach Mitternacht aber begann er einzunicken, dann schlief er fest ein und schlummerte bis zum Morgen. Am Morgen wachte er auf und entdeckte, daß der Zweig gestohlen war; da ward er sehr traurig, und er wachte noch eine Nacht, doch er entdeckte den Täter nicht. So ging er denn zu seinem Vater hinauf und sprach zu ihm: »Lieber Vater, ich habe nicht erfahren können, wer es ist.« Der König sagte: »Laß gut sein«, und ließ seinen zweiten Sohn Bahâ ed-Dîn kommen; zu dem sprach er: »Lieber Sohn, du sollst in Erfahrung bringen, wer es ist, der den Zweig von dem Baume stiehlt!« Da ging der zweite hin und wachte drei bis vier Nächte, aber er entdeckte den Täter nicht. Dann kehrte er heim und sagte es seinem Vater. Wiederum sagte der: »Laß gut sein«, und sandte nach seinem jüngsten Sohn, Hasan dem Klugen. Der eilte herbei und sprach: »Lieber Vater, was wünschest du?« »Lieber Sohn«, erwiderte der König, »du sollst in Erfahrung bringen, wer es ist, der den Zweig von dem Baume stiehlt.« »Gern, lieber Vater«, sagte der Sohn und begab sich schnurstracks in den Garten, ohne ein Ruhebett oder sonst etwas mitzunehmen.

Bis Mitternacht saß er da; nach Mitternacht aber begann er um den Baum herumzuschreiten. Plötzlich, um drei Uhr nach Mitternacht, als er um den Baum herumging, kam da ein rotes Pferd, eilte zu dem roten Zweig hin und wollte ihn abreißen. Hasan der Kluge jedoch packte das Pferd im Nacken, und da sprach das Pferd zu ihm: »O kluger Hasan, um deinetwillen schenke ich dir meinen Zweig«, machte sich auf und eilte zurück.

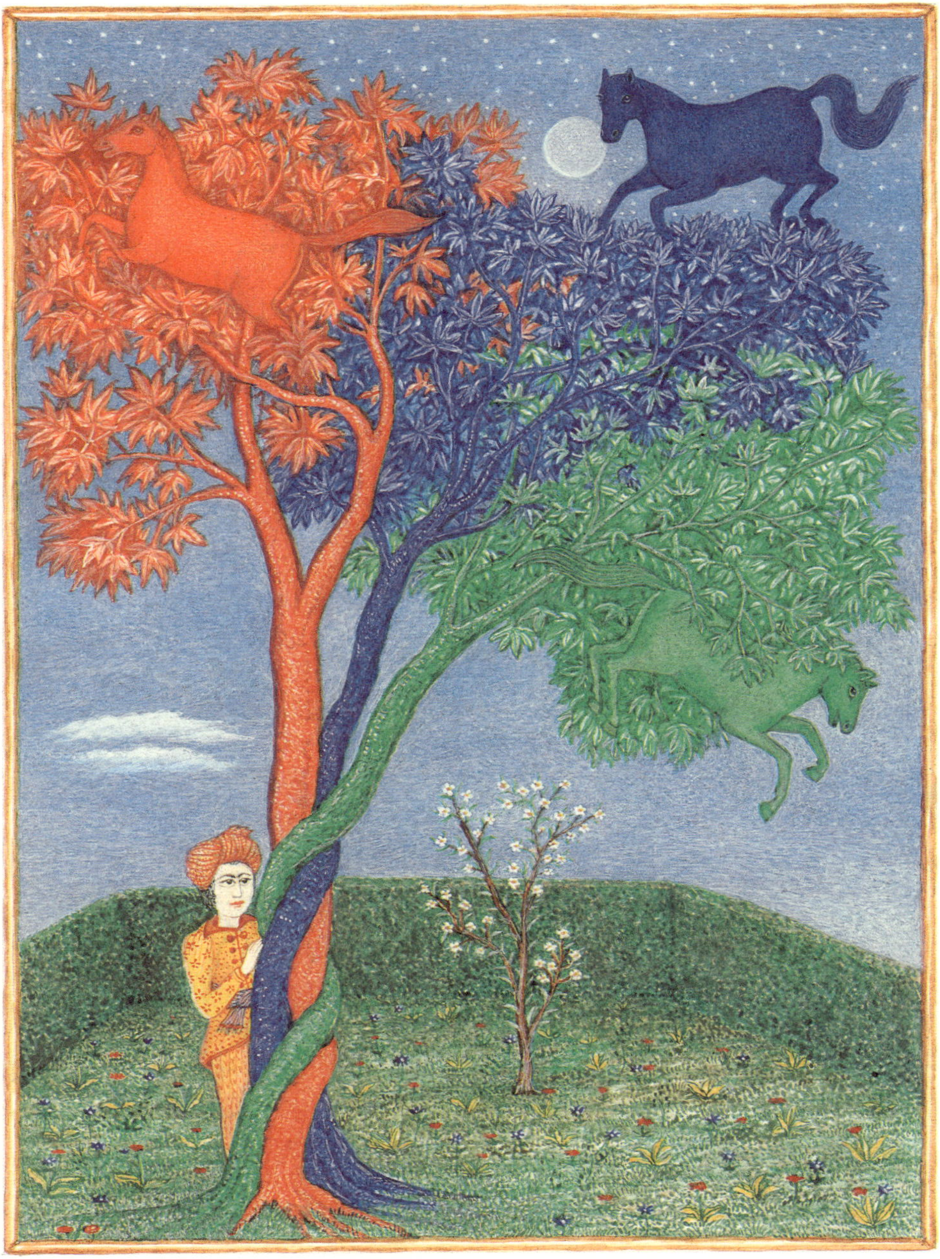

Am nächsten Morgen kam der König in den Garten und fand seinen Sohn, Hasan den Klugen, dort sitzen. Da sprach der Vater zum Sohne: »Guten Morgen, kluger Hasan!« Jener gab zur Anwort: »Hundertmal guten Morgen, lieber Vater, habe die Güte!« Der König fragte: »Wie ist es mit den Zweigen?« Da gab der Sohn ihm zur Antwort: »Dort sind sie noch vollzählig; aber wir müssen noch ein paar Tage Obacht geben.« »Das ist gut«, sprach der König erfreut, und er empfand herzliche Liebe zu seinem Sohn Hasan dem Klugen; dann verließen sie den Garten. Am nächsten Abend ging Hasan der Kluge wieder dorthin und blieb wach bis nach Mitternacht. Bald darauf kam ein grünes Pferd, eilte zu dem grünen Zweige hin und wollte ihn abreißen. Aber Hasan der Kluge sprang herbei und packte es am Nacken; da sprach es: »O kluger Hasan, um deinetwillen schenke ich dir meinen Zweig«, machte sich auf und lief davon. Am Morgen kam der Vater und fragte: »Wie steht es jetzt, o kluger Hasan?« Der Sohn erwiderte ihm: »Lieber Vater, sieh, die Zweige sind vollzählig.« Darüber freute sich der König. Am dritten Abend ging Hasan der Kluge wieder zum Garten und blieb wach bis nach Mitternacht. Und wie er dort wachte, sah er plötzlich ein blaues Pferd kommen, das eilte hin und wollte den blauen Zweig abreißen. Aber Hasan der Kluge hielt es fest, und das Pferd sprach zu ihm: »O kluger Hasan, meine Brüder haben dir ihre Zweige geschenkt; auch ich schenke dir meinen Zweig. Doch, o kluger Hasan, nimm hier diese drei Haare; wenn du in Not gerätst, so verbrenne ein Haar, und einer von uns wird bei dir sein. Ich sage dir im Namen meiner Brüder: wir sind deine Brüder durch einen Bund vor Gott, und den Verräter bestrafe Gott!« Darauf sagte Hasan der Kluge: »Mein Bruder, du mußt mir von der Herkunft dieses Baumes erzählen.« »Schau, o kluger Hasan«, erwiderte ihm das Pferd, »wir sind drei Brüder, und wir lustwandelten einmal in einem Garten im Lande der Geister, und dort gewannen wir diesen Baum sehr lieb. Und wegen unserer Liebe zu ihm holten wir ihn und pflanzten ihn hier ein in dem Garten deines Vaters; für einen jeden von uns bestimmten wir einen Ast, und ein jeder von uns kleidet sich nach der Farbe des Astes und kommt und reißt sich den Zweig ab, der ihm gehört. Das ist die Geschichte des Baumes.« Dann machte es sich auf und eilte davon. Hasan der Kluge aber ging zu seinem Vater in den Palast hinauf; als dieser ihn erblickte, hieß er ihn willkommen und ließ ihn an seiner Seite sitzen, dann hub Hasan der Kluge an und sprach zu seinem Vater: »Jetzt kommt keiner mehr, um die Zweige abzureißen.« Darüber war der König im höchsten Grade erfreut, und alsbald hieß er Hasan den Klugen an seiner Statt als König auf dem Throne sitzen, setzte ihm die Krone auf, legte ihm das königliche Gewand an und gab ihm den Siegelring.

Gabriel Josipovici

GEHEIMNISSE

Es war einmal ein kleines rothaariges Mädchen, das auf einer steinigen Insel lebte. Überall auf den Feldern lagen Steine und auch auf den Hängen der Hügel, und alle Häuser der Insel waren aus Stein gebaut. Zwischen den Steinen wuchsen einige Feigenbäume. Sie wuchsen an den Hängen der Hügel und auf dem Kap über dem Meer, und zwei große Feigenbäume wuchsen in dem Garten des kleinen Mädchens.

Eines Tages entdeckte das kleine Mädchen einen Vogel, der in den Zweigen des einen Feigenbaumes saß.

»Guten Tag«, sagte das kleine Mädchen.

»Guten Tag«, antwortete der Vogel.

»Was machst du denn da?« fragte das Mädchen.

»Ich sitze hier«, sagte der Vogel.

»Das sehe ich«, sagte das kleine Mädchen, »ich wollte aber gern wissen, warum du auf meinem Baum sitzt.«

»Das ist nicht dein Baum«, sagte der Vogel.

»Er steht in meinem Garten«, entgegnete das kleine Mädchen.

»Das mag schon sein«, sagte der Vogel, »aber es ist nicht dein Baum.«

»Gehört der Baum denn dir?« fragte das kleine Mädchen.

»Nein, mir gehört er auch nicht«, sagte der Vogel.

In diesem Augenblick meldete sich ein zweiter Vogel zu Wort, der auf dem anderen Baum saß: »Kümmere dich nicht um ihn«, sagte er, »er ist ein griesgrämiger Zeitgenosse.«

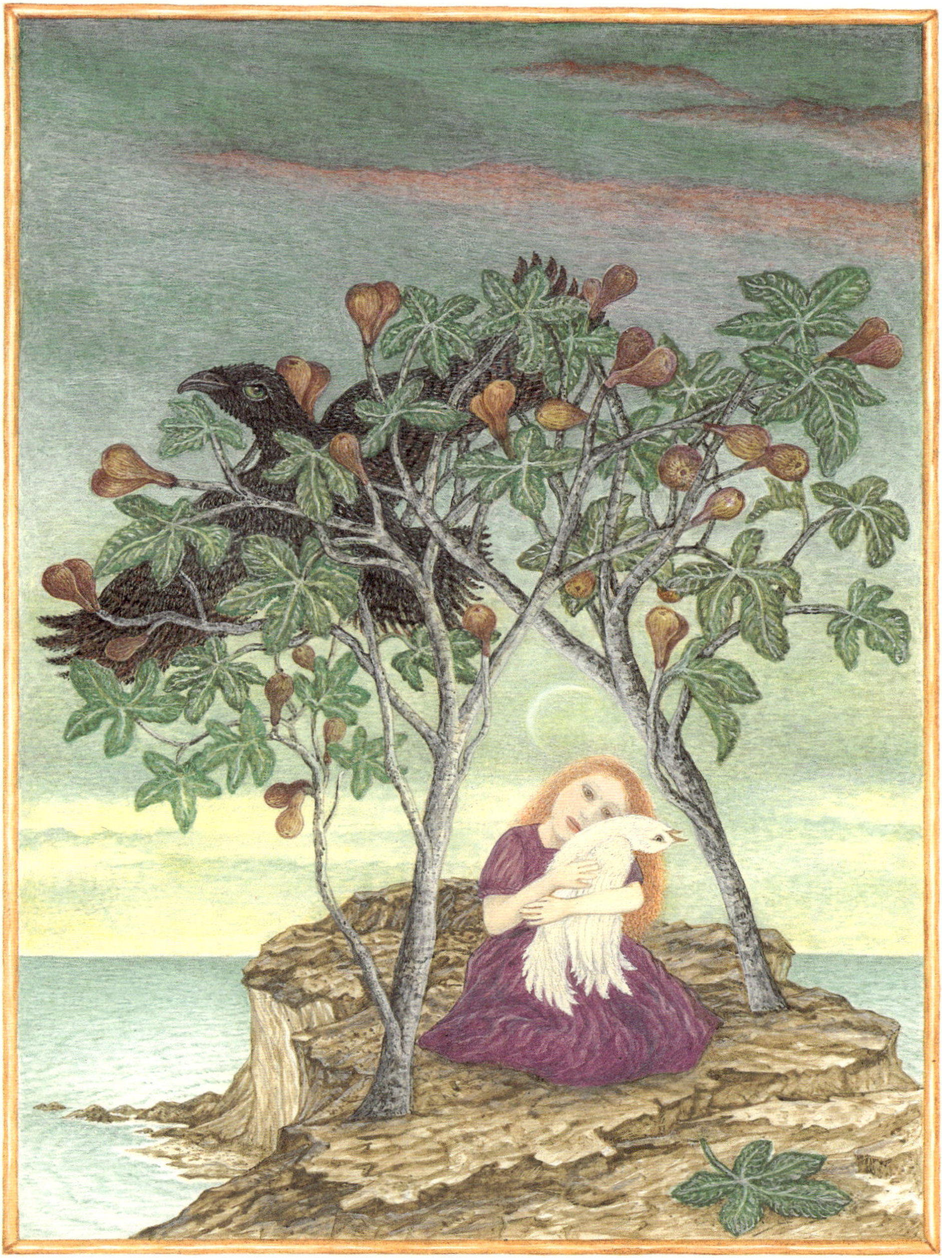

»Dich habe ich gar nicht gesehen«, rief das kleine Mädchen und drehte sich erstaunt um.

»Möchtest du, daß ich dir ein Geheimnis erzähle?« fragte der zweite Vogel.

Das kleine Mädchen sah ihn an.

»Nun, was ist?« fragte er.

»Ich weiß nicht recht«, sagte das kleine Mädchen.

»Mach schon, sag ja«, bat der zweite Vogel.

»Was für ein Geheimnis ist es denn?« fragte das kleine Mädchen.

»Das ist ein Geheimnis«, antwortete der Vogel.

»Kennt er es auch?« fragte das kleine Mädchen und zeigte auf den ersten Vogel.

»Er?« sagte der zweite Vogel. »Er weiß gar nichts.«

Das kleine Mädchen sah den ersten Vogel an, weil es wissen wollte, wie er darauf reagieren würde, aber er saß nur still auf seinem Zweig in dem Feigenbaum in dem steinigen Garten.

»Mach schon, sag ja«, bat der zweite Vogel.

»Wozu soll ich ja sagen?« fragte das kleine Mädchen.

»Daß du mein Geheimnis erfahren willst«, antwortete der zweite Vogel.

»Ich weiß nicht«, sagte das kleine Mädchen, »ich interessiere mich nicht besonders für Geheimnisse.«

»Sei nicht albern«, sagte der Vogel, »jeder interessiert sich für Geheimnisse.«

»Und du?« fragte das kleine Mädchen den ersten Vogel.

»Ich interessiere mich selbstverständlich nicht dafür«, sagte der erste Vogel und blickte sie verächtlich an.

»Siehst du!« sagte das kleine Mädchen zu dem zweiten Vogel. »Er interessiert sich nicht dafür.«

»Er interessiert sich für gar nichts«, entgegnete der zweite Vogel. Er zwinkerte dem kleinen Mädchen zu und flüsterte: »Komm her zu mir, dann sage ich es dir ins Ohr.«

Das kleine Mädchen ging zu dem Baum, auf dem der zweite

Vogel saß und stellte sich auf die Zehenspitzen, damit ihr Ohr ganz nah an seinem Schnabel war. Der Vogel beugte sich vor und flüsterte ihr etwas ins Ohr.

Genau in diesem Augenblick schrak der erste Vogel auf und fiel kopfüber aus seinem Baum.

»Oje! Was ist passiert?« rief das kleine Mädchen.

Der erste Vogel lag auf dem Boden und sah sie traurig an.

»Was ist mit dir geschehen?« rief das kleine Mädchen. »Bist du verletzt?«

Sie hob ihn auf, aber sein Kopf fiel nach hinten.

»Oje! Was ist passiert?« rief das kleine Mädchen. »Warum sagst du nichts?«

Sie sah den anderen Vogel fragend an, der aber blinzelte ihr wieder nur zu.

»Er ist tot!« sagte sie. »Er ist tot.«

»Was hast du denn erwartet?« fragte der zweite Vogel.

»Wie meinst du das?« fragte das kleine Mädchen, das noch immer den ersten Vogel im Arm hielt.

»Wie ich es sagte«, antwortete der zweite Vogel und flog plötzlich flügelschlagend davon.

J. M. G. Le Clézio

KWIPO

Früher gab es auf der Erde keine Flüsse. Das einzige Wasser, das die Menschen in dem ungeheuren Wald, der die Welt bedeckte, kannten, war jenes, das vom Himmel fiel, *kwi*, das Wasser des Regens, das in den Tiefen der Erde versickerte. Die Menschen kannten damals weder Rast noch Ruhe, und wenn sie ihren Durst löschen wollten, dann mußten sie von den Blättern die Tautropfen trinken oder sich wie die Tiere zu den modrigen Pfützen in den Felsklüften begeben.

Eines Tages aber brach ein Kind auf, um nach den Quellen des Wassers zu suchen. Tagelang ging es durch den Wald, bis seine Füße blutig waren und sein Gesicht von dornigen Zweigen zerkratzt. Eines Abends, als es sich am Fuße eines riesigen Baumes ausruhte, sah es etwas Merkwürdiges. Neben ihm marschierte eine lange Kolonne schwarzer Ameisen in Reih und Glied durch das Moos und bildete eine Straße, die aus der Tiefe des Waldes bis zu dem Baum führte. Der kleine Junge beobachtete sie lange, ohne sich zu bewegen, weil er sie bei ihrer Arbeit nicht stören wollte. Die Ameisenkolonne verschwand unter dem Wurzelwerk des großen Baumes in einer Höhlung, die aussah, als wäre sie eine Verbindung zur Unterwelt.

Der Junge war ganz erschrocken, denn er kannte alles, was die Alten von der Welt unter der Erde erzählten, von jener Welt, in der nur Gespenster ohne Mund leben, die ihre Nahrung einatmen und das Tageslicht nie sehen. Dann wagte er sich ganz langsam an die Öffnung heran und sah, daß die Ameisen, nachdem sie unter

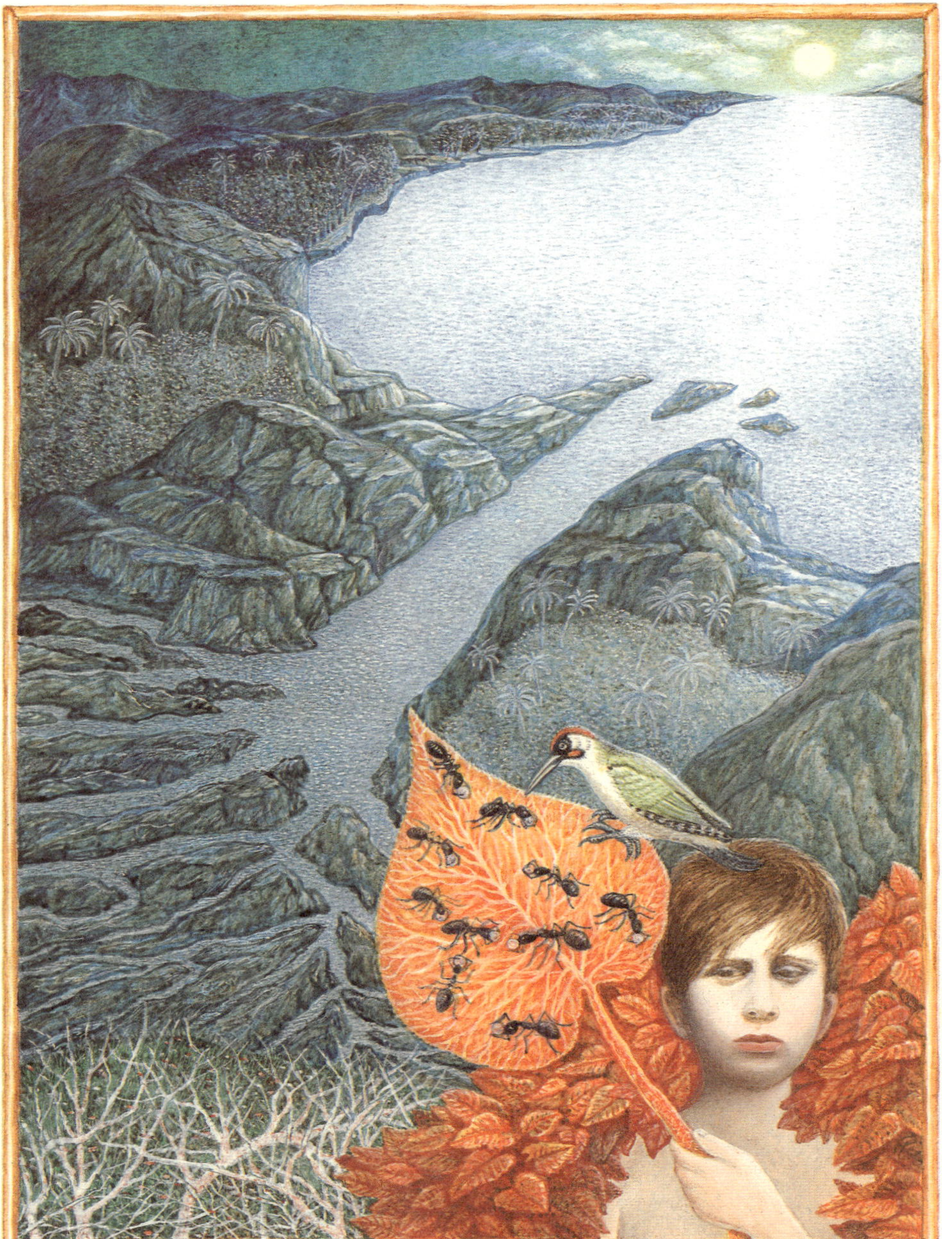

die Erdoberfläche gestiegen waren, mit einem Wassertropfen zwischen den Kiefern wieder herauskamen.

Eine heftige Erregung erfaßte ihn und ließ ihn erzittern. Er begriff, daß er soeben den geheimen Ort entdeckt hatte, wo das gesamte Wasser des Himmels aufbewahrt wurde. Es war der große Baum *kwipo*, der sich sehr hoch über die anderen Bäume des Waldes erhebt, so hoch, daß ihn bisweilen die Hand des Donnergottes trifft und mit ihren steinernen Fingernägeln zaust.

Doch der Baum war so groß und stark, daß der kleine Junge einsah, daß er alleine nicht an sein Ziel gelangen konnte. Er rief um Hilfe, aber er war sehr weit von den Häusern der Menschen seines Stammes entfernt, und niemand antwortete auf seinen Ruf. Nur ein Grünspecht kam geflogen. Zusammen gruben sich das Kind und der Vogel in den Fuß des großen Baumes. Tag für Tag unterhöhlten sie den Stamm des Baumes, der eine mit seinem Schnabel, der andere mit einer steinernen Hacke, und der Widerhall ihrer Arbeit erfüllte den Wald mit einem seltsamen Geräusch. Dann, eines Morgens, begann der Baum *kwipo*, der in seinem Fundament zerstört war, sich zu neigen. Mit einem lauten Krachen, ähnlich dem Geräusch des Donners, fiel der Baum zu Boden, und während er fiel, schauten der Junge und der Grünspecht mit erstaunten Augen zu, denn die Welt würde nun nie mehr dieselbe sein: aus den Wurzeln des Baumes sprudelten die Quellen, der so breite und so große Stamm wurde zum Flußlauf, und die Zweige und Blätter verloren sich im Meer.

Seit dieser Zeit kennen die Menschen das Wasser der Flüsse, und sie haben Respekt vor den *kwipo*-Bäumen, die es ihnen gegeben haben, und vor den schwarzen Ameisen, die als Zeichen der vergangenen Zeit noch immer den Tropfen tragen, der zwischen ihren Kiefern funkelt.

Bertolt Brecht

DER GEIERBAUM

Viele Tage hatte der Baum die Winterstürme ausgehalten und war in langer Dämmerung unter dem Schnee zusammengekauert dagekniet; da wurde es Frühjahr und die Geier kamen. Und der Baum kämpfte mit ihnen vom Hahnenschrei bis zur Mitternacht. Die Geier, die den Himmel verdunkelten, stürzten sich auf den einsamen Baum mit solcher Wucht, daß er zitternd im Grasgrund seine Wurzeln spürte, und es waren ihrer so viele, daß er stundenlang die Sonne nicht sah. Sie zerfetzten das Gezwirn seiner Äste und zerhackten seine Knospen und rissen an seinem Haar, und der Baum kniete gebückt und verzweifelt im Ackergrund, wehrte sich nicht gegen den Himmel, sondern stemmte sich nur fest gegen die Erde. Da wurden die Geier müde. Sie zogen weitere Kreise in der Luft, bevor sie sich auf ihren Feind stürzten, und zitterten mit den Flügeln. Gegen Mitternacht bemerkte der Baum, daß sie besiegt waren. Er war unsterblich, und sie sahen es mit Grauen. Sie hatten sich alle Mühe gegeben, ihn auszurotten, aber ihm war es gleichgültig gewesen, und er war wohl noch eingeschlafen gegen Abend zu. Aber gegen Mitternacht sahen sie, daß er zu blühen begann. Heute wollte er mit dem Blühen anfangen, zerhackt und zerzaust, verwahrlost und blutend; denn es war Frühjahr, und der Winter war abgestorben. Im Sternenlicht schwebten die Geier, mit stumpfen Krallen und zerfetzten Flügeln, und müde ließen sie sich nieder auf dem Baum, den sie nicht besiegt hatten. Der Baum zitterte unter der schweren Last. Von der Mitternacht nur bis zum Hahnenschrei

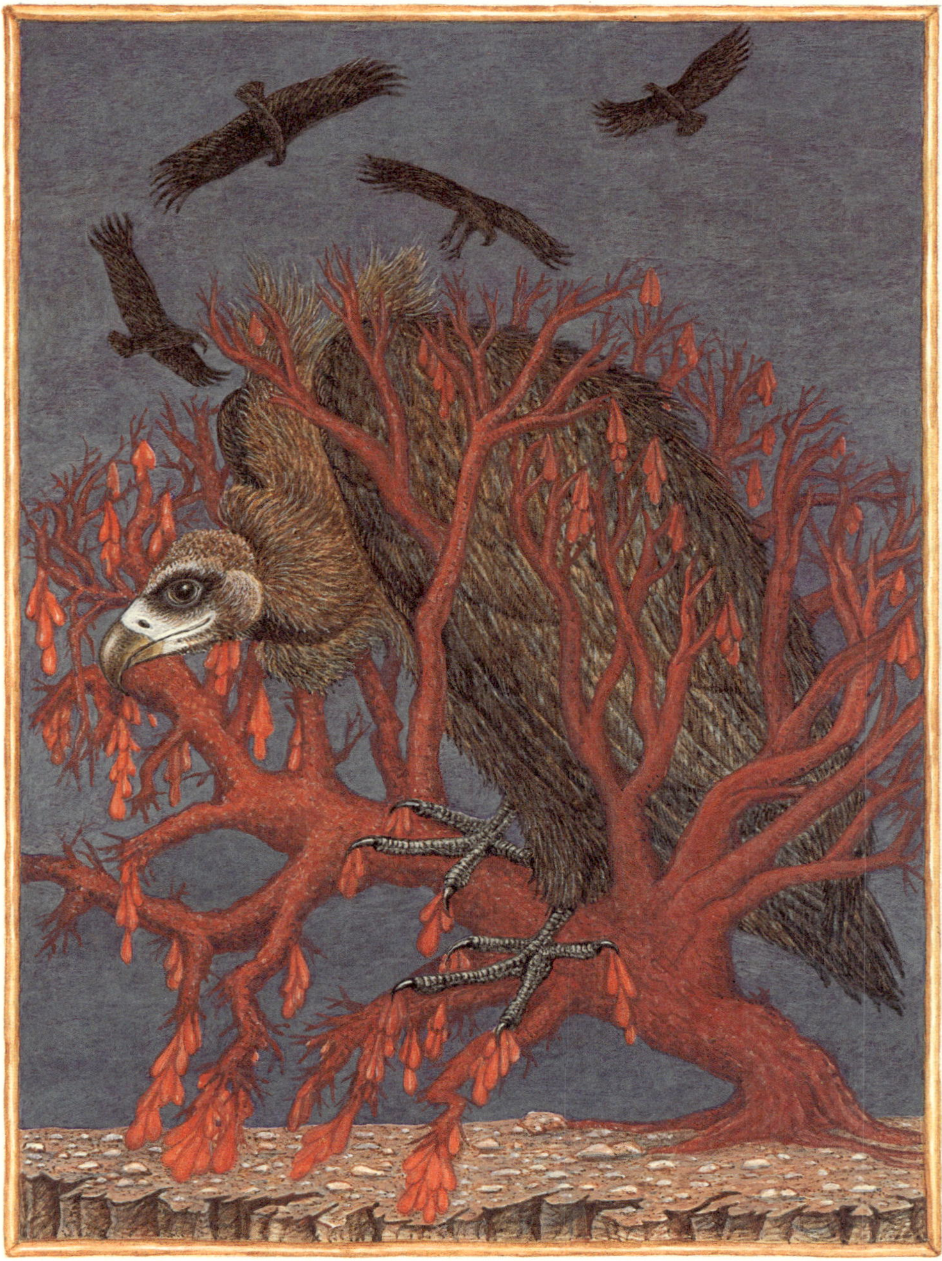

saßen die Geier auf ihm und hielten, kummervoll stöhnend im Schlaf, mit ehernen Krallen seine blühenden Zweige umfaßt; denn sie träumten, der Baum sei unsterblich. Aber in der Frühe flogen sie mit schweren Flügelschlägen auf, und in dem milden Licht der Dämmerung erblickten sie aus der Höhe den Baum wie einen gespenstigen Spuk, schwarz und verdorrt: Er war nachts gestorben.

Torgny Lindgren

DER HEILENDE BAUM

Una hieß ein Baum, der in einem Dorf zwischen zwei Flußtälern am Fuße des Fjälls unweit des Meeres wuchs. Das Dorf bestand aus zweiunddreißig Höfen, einer Kirche, einer Schmiede und einem Thingplatz. Die Kirche war ganz neu, sie war aus mächtigen Fichten gezimmert und stand am nördlichen Ende der Dorfstraße, mit einem Hahn auf dem Dach. Der Hahn konnte sich mit dem Wind drehen.

Keiner wußte, was für eine Art Baum Una war, ob sie eine Esche war oder ein Vogelbeerbaum oder vielleicht eine Birke oder ob sie zu einer anderen uralten Art gehörte, die mittlerweile ausgestorben war, sie war ganz einfach so alt, daß es keine Rolle spielte. Daß sie ein weiblicher Baum war, hörte man am Namen, aber auch das hatte keine Bedeutung. So ist es ja auch mit den Menschen, im hohen Alter hören sie auf, zu bestimmten Rassen oder Geschlechtern zu gehören, sie sind weder mehr das eine noch das andere, sondern etwas Drittes.

Una heilte zweierlei Krankheiten: erstens alle Formen von Schwund, Schrumpfung und Verdorrung, zweitens jede Art von hemmungslosem Wachstum, Wucherungen und Schwellungen. Alles, was zu klein oder von Vernichtung bedroht war, stellte sie zwischen den beiden untersten Ästen an ihrer Ostseite wieder her; der Kranke oder Befallene wurde an Seilen hochgehievt und über den unteren Ast gezogen. Schwellungen und Wucherungen und Karbunkel hingegen heilte sie in einer Einbuchtung des Stamms an der Westseite; dort wurde der Hilfsbedürftige durch den Hohlraum gezwängt, der zwischen dem Stamm und dem dicksten der herabhängenden Äste entstanden war.

Ihre Heilkraft steckte in der Krone, darüber waren sich alle einig, und an Winterabenden, wenn sie entlaubt dastand, leuchtete sie sogar aus sich selbst heraus, so stark war ihre Wirkung.

Nun war ein Meister von weither gekommen, um das Innere der Kirche mit Engeln und Dämonen, Aposteln und Wahrzeichen auszumalen. Er war klein und drahtig und hatte eine schrille und piepsige Stimme, er malte Tag und Nacht, um das Sommerlicht zu nützen. Kein Lehrling oder Geselle half ihm, er wollte überhaupt niemanden dabei haben, alles wollte er selbst machen. Ja, er malte so emsig und eifrig, daß seine rechte Hand zu verdorren begann, die Hand, die den Pinsel hielt. Und die Verdorrung griff um sich, das Fleisch unterhalb des Ellbogens schrumpfte und verschwand in dem engen Raum zwischen den Knochen, schließlich hing der ganze Arm wie ein verwelkter Hopfenstengel von seiner Schulter.

Am Morgen des Tages, der nach dem Apostel Simon benannt ist, trat er aus der Kirche und sagte: »Jetzt kann ich nicht mehr malen.«

Da hatte er aber noch den Erzengel Raphael abzubilden, den machtvollen Schutzgeist der Heilkunst.

Die Dorfbewohner erkannten sofort, wie es um ihn stand, daß er in seiner Hingebung und seinem künstlerischen Eifer seinen rechten Arm sozusagen verbraucht hatte. Und sie brachten ihn zu Una, dem heilenden Baum. Oder besser gesagt: der Schmied hob ihn auf und trug ihn auf seinen Händen dahin.

Zur gleichen Zeit hatte den Dorfältesten ein rätselhaftes und schreckliches Leiden befallen: sein Bauch blähte sich und schwoll an, bis er sich nicht mehr auf den Beinen halten konnte, seit Tagen lag er nur still auf dem Rücken im Bett, der Bauch quoll über die Bettkanten und füllte schon den halben Fußboden der Wohnstube.

Dennoch war es seinen Söhnen gelungen, ihn durch die Tür zu zwängen und auf die Mistkarre zu heben, er sollte zu Una gebracht werden, damit sie ihn heilte.

So kam es, daß Una bei ein und derselben Gelegenheit, ja, tatsächlich gleichzeitig, sich zwei der schwersten Fälle annehmen mußte, die man ihr in ihrem ganzen Baumleben zugeführt hatte.

Während der überspannte, asthenische Kunstmaler an einem Seil hochgehievt wurde und langsam über den untersten Ast an ihrer Ostseite glitt, wurde der unförmige Dorfälteste von seinen kräftigen Söhnen durch den Hohlraum zwischen dem Stamm und dem dicken herabhängenden Ast an Unas Westseite geschoben.

Und in diesem Moment, gerade als Una, um dieses doppelseitige Wunder zu vollbringen, gesammelter und aufmerksamer und zielbewußter hätte sein müssen als je zuvor, gerade da ging ein Rauschen der Zerstreutheit durch ihre Krone. Dergleichen kann uns allen im Alter passieren.

Sie verwechselte ganz einfach ihre Heilkräfte: die verkleinernde, zusammenziehende und verdichtende Kraft sandte sie nach Osten, während die Kraft des Wachstums, der Üppigkeit und der Vermehrung nach Westen schoß. Dieser kurze Augenblick der Verwirrung und Geistesabwesenheit hatte verheerende Folgen.

Vor den bestürzten Blicken der Dorfbewohner schrumpfte und verdorrte der arme Künstler, so daß er schließlich aussah wie ein abgenagtes Vogelgerippe. Man legte ihn in einen ausgedienten Rindenschuh und begrub ihn. Der Dorfälteste hingegen quoll auf und schwoll an, bis seine Haut mit einem kleinen Knall zerbarst. Er ergoß sich als graugrüner Schaum über seine Umgebung, wie der Schaum eines frisch gezapften Bieres. Ihn brauchte man nicht einmal zu begraben, am nächsten Morgen hatte die Sonne ihn aufgetrocknet, alles, was von ihm übrigblieb, war eine dünne Salzschicht, die unter den Schuhsohlen der Dorfbewohner leise knirschte.

Nun versammelten sich die Männer auf dem Thingplatz. Sie brauchten nicht lange zu beratschlagen, das Feuer, das sie in der Mitte des Platzes angezündet hatten, war kaum aufgeflammt, als sie Una, den Baum, schon zum Tode verurteilt hatten. Niemand

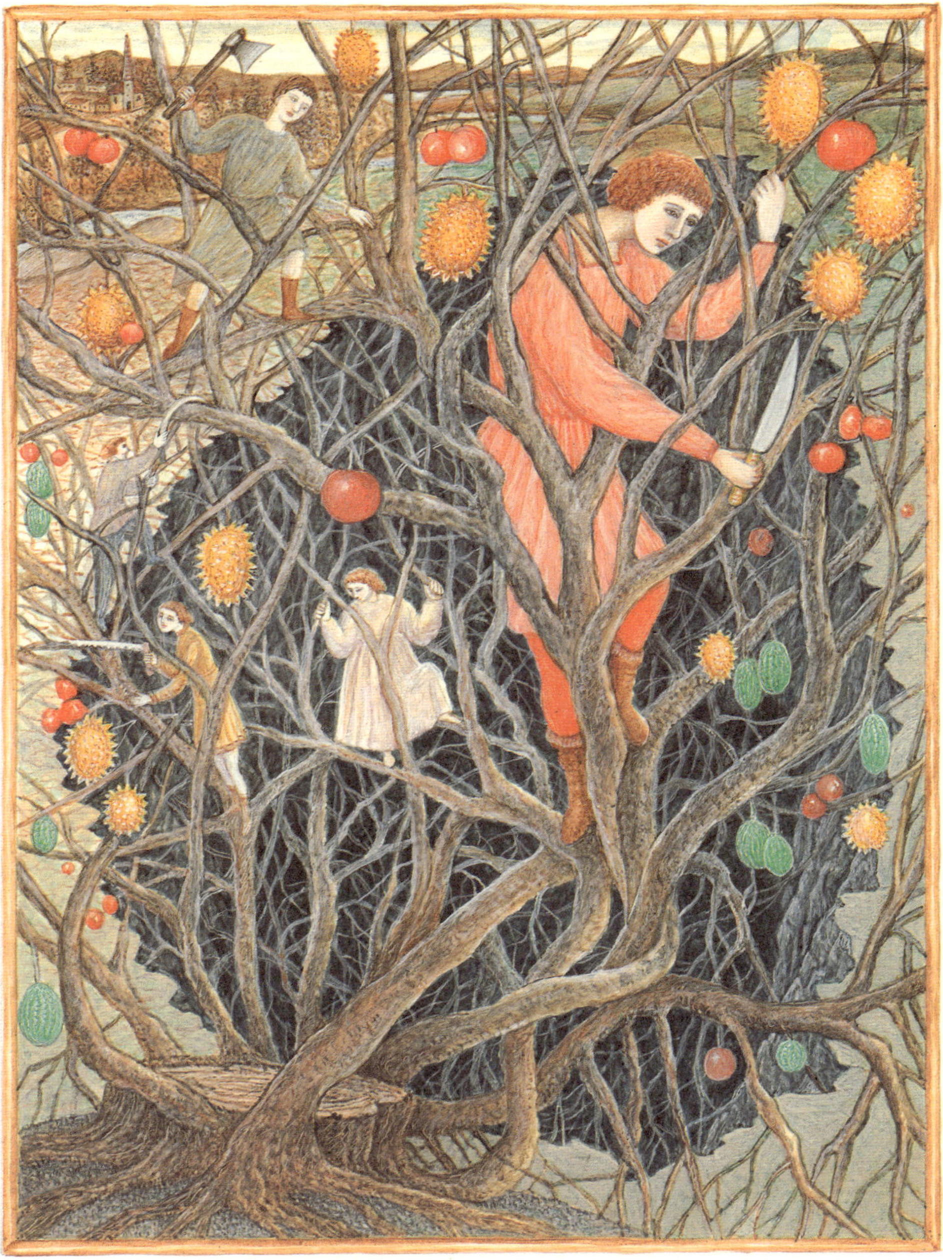

darf, nicht einmal wenn er von der Zerstreutheit des Alters befallen ist, ungestraft die feine, nahezu unsichtbare Grenzlinie zwischen Heilkunst und Zerstörung übertreten oder mißachten.

Zehn Männer schlugen drei Tage lang mit ihren Äxten auf Una ein, bis sie fiel.

Während dieser wütenden Axtschläge hörte man immer wieder: »Jetzt werden wir in dieser Gegend genug Holz für die nächsten Jahre haben.«

Doch da hatte man sich geirrt.

Keiner begriff, wie ungeheuer, um nicht zu sagen, übernatürlich Unas Kraft war. Zwar war sie auf ihre alten Tage ein wenig zerstreut und vergeßlich geworden, aber sie war noch im Vollbesitz ihrer Kräfte.

Als die Krone fiel, da fiel sie nicht nur auf den Boden, sondern durch ihn hindurch, der mächtige Stamm und die dicken Äste durchdrangen die Erdschicht, als wäre sie eine leichte Schneedecke. Alle bisher sichtbaren Teile des Baumes bohrten sich mit einem erschreckenden, haarsträubenden Getöse durch das hindurch, was die Dorfbewohner bisher den festen Grund genannt hatten. Den Krater, der dabei entstand, bezeichnete man einfach als »Das große Loch«.

Und alle Menschen umstanden es zwei ganze Tage lang, stumm und überwältigt.

Dann aber mußten sie sich wohl oder übel wieder an die Arbeit machen.

Ein riesiger Stumpf war nämlich zurückgeblieben, er stand am Rande von dem »Loch durch die ganze Erde«. Und er begann sich zu begrünen, ja, nicht nur das: er trieb Schößlinge aus, und Ableger und Äste und Wurzelreiser und rote, grüne und gelbe Früchte in einer Fülle, die keiner sich je hätte vorstellen können. Unas Kraft war offenbar noch vorhanden, sie steckte nun in den Wurzeln, während sie bisher mehr oder weniger zufällig von der Krone ausgegangen war. Wenn man nichts dagegen unternahm, würden das Dorf und die umliegende Gegend bald in der zügellosen Fruchtbarkeit, die aus dem Baumstumpf quoll, ertrinken und darunter begraben werden.

Daher rannten jetzt alle Männer und Frauen und Kinder los und holten die Werkzeuge, die in diesem Zusammenhang nützlich sein konnten: Äxte, Sensen, Sägen, Sicheln, Hacken, Messer und Beile. Bald fingen sie aus Leibeskräften an zu hacken und zu spalten, zu schneiden und zu sägen. Hin und wieder nahmen sie sich eine von den roten oder gelben oder grünen Früchten und verschlangen sie, doch ohne die Arbeit zu unterbrechen. Und alles, was sie abgeholzt hatten, warfen sie in »Das große Loch«.

Seitdem ist in dem Dorf nichts Bedeutendes geschehen, die Generationen haben einander abgelöst, die Zeugungskraft des Baumstumpfes ist nicht erlahmt, und »Das Loch« läßt sich nicht füllen. Für die Dorfbewohner ist eben diese Lebensweise die einzig natürliche und sittlich annehmbare geworden: man hackt und sägt und schneidet und spaltet so lange, wie es einem das Dasein gewährt, dann purzelt man in den Krater.

Leider hat diese eigenartige Lebensform dazu geführt, daß alle Pfade und Wege zur übrigen Welt zugewachsen und verschwunden sind. Auf Grund seiner einseitigen Bewirtschaftung ist das Dorf vollständig von der Zivilisation abgeschnitten. Wir können es nicht finden. Das ist in gewisser Hinsicht bedauerlich, denn dort würde sich uns ein keineswegs beliebiger Gegenstand der Kontemplation und Forschung bieten: ein Ort, an dem man nicht nur ein ewiges, hemmungsloses Wachstum studieren kann, sondern auch »Das unauffüllbare Loch«, das mit endloser Geduld sämtliche Früchte des Wachstums verschlingt.

Das Bildnis des Erzengels Raphael wurde nie vollendet. Aber das hat wohl keine Bedeutung, denn wer in dieser Gegend könnte schon einen Schutzgeist der Heilkunst gebrauchen? Ihn werden wir somit auch nie zu Gesicht bekommen: den heiligen Barsch, der alle lüsternen Sinne stillt und den liederlichsten Herzen Frieden schenkt.

Ivan Binar

DER WOLKENHIRTE

Die Linde stand breitbeinig in der Mitte des Kleinen Königreiches, ihre Rinde war runzlig, der Stamm voller Narben von Ästen, die durch Stürme abgebrochen worden waren, und trotzdem war sie schön wie ein gütiges altes Mütterchen. Sie schaukelte die Nester in ihren Zweigen, sie besänftigte schreiende Vogeljungen, und die Bienen summten zwischen ihren Blüten.

In der Krone der Linde nistete sich auch Joska ein. Er kletterte ganz nach oben, damit ihm die Blätter die Sicht nicht versperren konnten, machte es sich im Geäst gemütlich wie auf einem Thron, spielte auf einer Holunderflöte und hütete die Wolken am Himmel... Zu mehr taugte er nicht. Er hatte auch einen Hirtenspatz, und wenn sich die Wolken in alle Himmelsecken verliefen, wenn sie den Ton der Flöte nicht mehr beachteten, schickte er den Spatz los, und der trieb sie wieder zusammen. Sobald sich die weißen Wölkchen zusammentaten, verwandelten sie sich in graue Wolken, und die wurden immer dunkler und dunkler, bis aus ihnen eine einzige schwarze Wolke entstand, eine so riesige schwarze Wolke, daß sie den ganzen Himmel bedeckte. Joska versteckte den Spatz unter seinem Mantel und suchte schnell Schutz vor dem Regen.

Erst fielen einige schwere Tropfen auf den staubigen Boden, dann begann es in Strömen zu regnen. Der verdorrte Boden trank aus vollen Zügen, um die durstigen Wurzeln der Pflanzen zu laben. Die Bäume hoben ihre Äste zum Himmel und freuten sich über den Regen – das kühle Naß wusch den Staub und die Müdigkeit von ihnen und erfrischte die welken Blätter; es gab den Bäumen die Stärke, die sie benötigten, damit das Obst gänzlich reif wurde und eine gute Ernte eingeholt werden konnte. Auch das Gras begann sich aus seinen Wurzeln herauszustrecken und die Körner in den Getreideähren vermehrten sich und wurden grösser. Der Fluss verbreiterte sich, fast trat er über die Ufer. Als die Sonne wieder erschien, war das ganze Land sauber und frisch, voller Kraft und Lebensfreude.

Im Kleinen Königreich gab es einen König, der hiess Karlik, auch der Gutmütige genannt. Vor dem Einbruch der Dunkelheit machte König Karlik einen Spaziergang im Obstgarten. Die Pflaumen waren noch grün, die Äpfel und Birnen begannen erst zu reifen, die Kirschen hingegen waren schon reif. Er zog einen Zweig voller Herzkirschen zu sich heran und pflückte eine Hosentasche voll. Unter der Linde rief er Joska zu, daß er sie mit ihm teilen wollte.

»Eure Hoheit, wenn Ihr mir doch lieber die Prinzessin Jarmila zur Frau geben würdet!« ertönte es aus der Höhe.

»Ich würde es ja tun, Joska, sie aber wartet auf einen Prinzen mit einem eigenen Schloß. Mit dir müßte sie auf die Bäume klettern, und das ziemt sich für eine Prinzessin nicht.«

»Ich würde ja gerne wissen, woher sie in diesem Kleinen Königreich einen Prinzen mit einem eigenen Schloß nehmen will«, warf Joska zweifelnd ein.

Das Kleine Königreich ist nämlich an allen Seiten von Bergen umgeben, und hinter diesen Bergen erstreckt sich eine Wüste; keiner der Einheimischen hat sie jemals durchquert, keiner weiß, wo sie zu Ende ist. Der Fluß, der in den nördlichen Bergen entspringt, fließt durch das Kleine Königreich und verläßt es über einen Paß in den südlichen Bergen in Richtung Wüste; da verwandelt er sich in einen Bach, dann in ein Bächlein, zum Schluß bleibt nicht einmal ein Rinnsal übrig – der Sand hat ihn völlig verschlungen.

König Karlik residierte in der Burg auf dem Hügel, er

herrschte weise und gerecht, eigentlich herrschte er nicht sonderlich, vielmehr ließ er den Dingen ihren eigenen Lauf; er ließ den Fluß von den Bergen ins Tal fließen, redete den Bienen nicht beim Honigsammeln drein, und es fiel ihm nicht einmal im Traum ein, dem Schuster Ratschläge zu erteilen, wie dieser Schuhe zu machen hätte...

Wenn nun aber doch einmal Sand ins Getriebe kommen sollte, wenn zum Beispiel ein Kater krähen, wenn statt der Sonne ein Laib Brot aufgehen oder wenn die Feuerwehr eine Scheune anstecken würde, dann würde der König seinen Zeigefinger erheben und eindringlich sagen:

»Jetzt aber Schluß! So geht es nicht weiter! Eine solche Unordnung werde ich, König Karlik, im Kleinen Königreich nicht dulden!«

Jeder König braucht zum Herrschen einen Berater. Keiner ist so klug, daß er immer recht hat. Bevor ein König eine Entscheidung fällt, muß er sich mit jemandem beraten. Darin aber hatte König Karlik keine glückliche Hand. Als er bekannt gab, daß er jemanden für das Amt des königlichen Beraters suchte, meldete sich niemand. Keiner der Einwohner hatte Zeit: der Schuster mußte eine Menge Schuhe reparieren, ohne den Bäcker gäbe es kein Brot, die Bauern holten gerade das Heu ein, die Maurer bauten Häuser, die Köche kochten, die Hirten hüteten ihre Herden... Jeder hatte alle Hände voll zu tun, nur Radim nicht. Radim war die einzige Person im Kleinen Königreich, die keiner vermißt hätte. Er pflügte nicht, er säte nicht, er wußte aber besser als die Bauern, wie das alles zu tun sei, er riet den Maurern, wie der Mörtel zu mischen sei, er verriet dem Bäcker, daß Brot aus Mehl gebakken wird. Kein Wunder, daß er überall davongejagt wurde. Also machte er sich auf, den Wespen zu erklären, wozu sie ihren Stachel haben... Und das hätte er nicht tun sollen. – König Karlik erbarmte sich des zerstochenen Radim, schon deshalb, weil er keinen anderen gefunden hatte, und stellte ihn als Berater ein.

Obwohl Radim königlicher Berater war, mischte er sich seltsamerweise nicht in die Regierungsgeschäfte ein. Am liebsten lungerte er in der Küche herum und riet dem Koch, ihm vom Braten ein ordentliches Stück abzuschneiden. Schweinebraten schmeckte ihm am besten, und das Schmalz verschlang er löffelweise, einfach so, ohne Brot.

Eines Tages geschah es, daß König Karlik sich erkältet hatte und das Bett hüten mußte. An seiner Stelle hätte die Prinzessin Jarmila herrschen sollen – aber die muß doch nach ihrem Prinzen Ausschau halten. Der königliche Thron jedoch ist ein Platz, der nicht lange leer bleiben darf, und wenn der König nicht kann, die Prinzessin nicht will, dann muß der Berater antreten.

»Er lebe hoch!« rief die Hofgesellschaft, als Radim sich auf den Thron setzte; denn wer auf dem Thron sitzt, der wird gefeiert.

»Ich hätte nur zu gern ein Spanferkel«, sagte Radim vom Thron herunter. Auf einen Schlag standen Diener mit einem Ferkel auf einem Silbertablett vor ihm. Radim öffnete den Mund und verschlang den Braten wie eine Himbeere. Die Hofgesellschaft applaudierte ihm. Denn dem, der auf dem Thron sitzt, wird applaudiert.

»Ist nicht noch ein bißchen mehr da?« fragte Radim die Hofgesellschaft. »Schweinebraten mag ich nämlich sehr gern«, fügte er hinzu. Sogleich wurden die Diener mit dem Befehl zu den Bauern gesandt, daß alle Schweine auf die königliche Burg gebracht werden müßten.

Als er die Hälfte aller Schweine des Kleinen Königreichs gegessen hatte und König Karlik, genannt der Gutmütige, immer noch krank zu Bette lag und die Prinzessin Jarmila noch immer nur nach ihrem Prinzen Ausschau hielt, entschied Berater Radim, eine königliche Schweinezucht einzuführen. Er ließ Holzfäller mit Äxten und Sägen rufen, setzte sich die Königskrone auf den Kopf und führte die Versammlung in den Obstgarten.

»Fällen!« befahl er den Holzfällern. »Obst ist zu nichts gut, das Beste auf der Welt ist Schweinefleisch! Wer Schmalz nicht mit dem Löffel ißt, weiß nicht, was gut ist.«

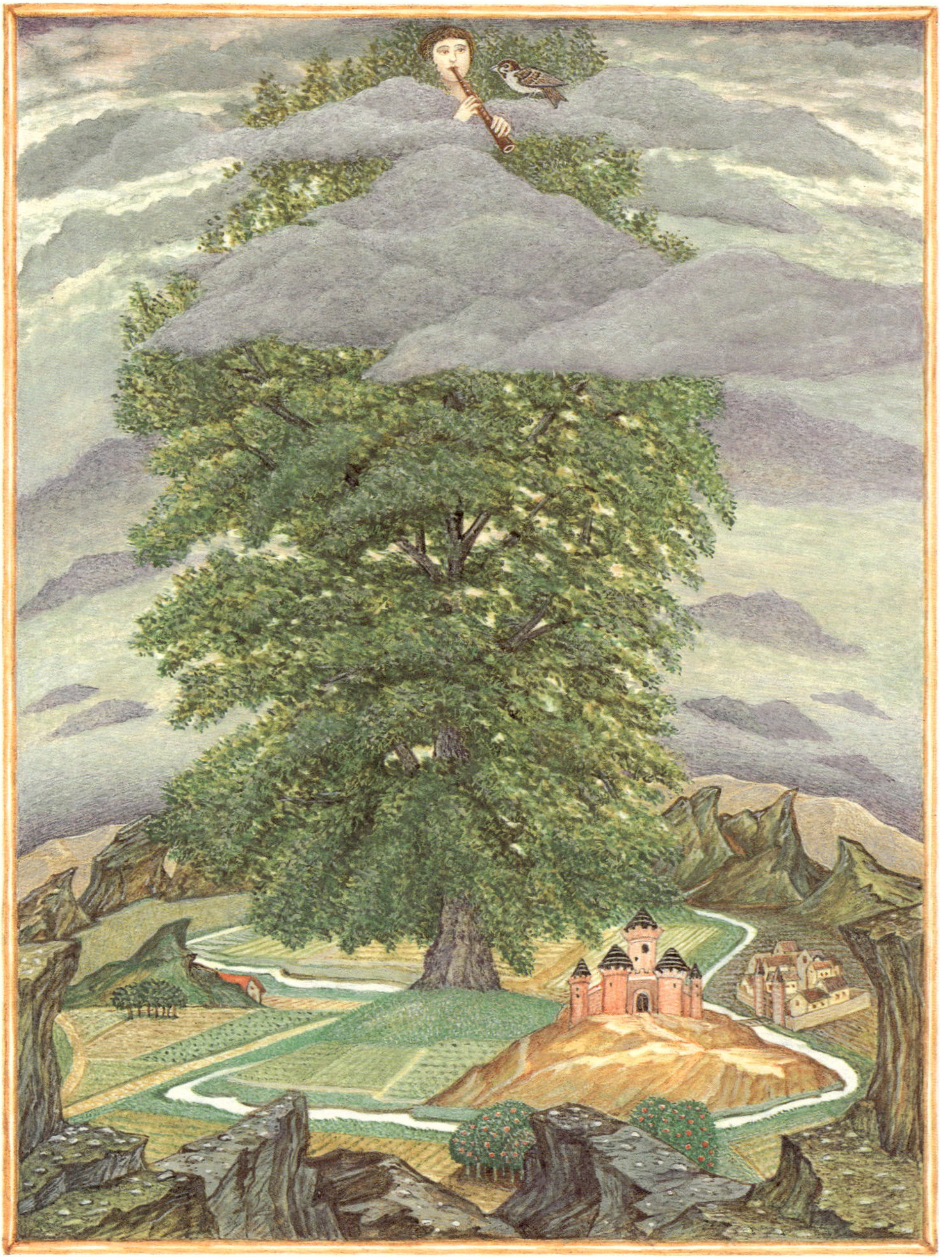

Die Holzfäller schauten auf die Königskrone, und gehorchten, wenn auch widerwillig. Denn derjenige, der eine Krone auf dem Kopf hat, befiehlt. Radim beabsichtigte, an Stelle des Obstgartens eine Schweinezucht einzurichten.

Als die Arbeiter den letzten Apfelbaum gefällt hatten, befahl Radim, auch die Linde abzusägen, die breitbeinig in der Mitte des Kleinen Königreichs stand. Die Holzfäller sträubten sich zunächst, als aber Radim mit dem Königszepter winkte, holte ein Holzfäller aus und schlug die Axt in den Lindenstamm. Im gleichen Augenblick stand Joska mit ausgebreiteten Armen vor ihnen, der Hirtenspatz flog wild um seinen Kopf herum und tschilpte.

»Mehr Schaden werdet ihr nicht mehr anrichten!« rief Joska und schritt den Holzfällern entgegen. »Wer die Linde fällen will, der soll zuerst auf mich einschlagen!«

Die Holzfäller gaben nach, traten mit gesenktem Blick von der Linde zurück und gingen heim. Radim lief so schnell er konnte zur Burg, stolperte über Stock und Stein, das Zepter fiel ihm aus der Hand und die Krone vom Kopf. Abgehetzt kam er zum Burgtor und befahl den Wachen, Joska zu fangen und ihn ins Gefängnis zu werfen. Aber ohne Krone und Zepter hatte er den Wachen nichts mehr zu befehlen.

Die Nacht vertrieb das Blaue vom Himmel und hüllte das Land in einen schwarzen Mantel. »Das lasse ich nicht zu«, sagte die Linde, das alte Mütterchen, und zog ihre Wurzeln aus der Erde heraus. Den schlafenden Joska mit seinem Spatz legte sie ins Gras neben das Loch, das übrig geblieben war. Sie schüttelte die Erde von den Wurzeln und pfiff nach den anderen Bäumen. »Hier werden wir gefällt, in diesem Königreich bleiben wir nicht!« entschied sie, und alle Bäume und Büsche stimmten ihr zu.

Die Sterne gingen auf und erhellten die Verwüstung, die Radim und die Holzfäller im Obstgarten hinterlassen hatten. Die Obstbäume lagen gefällt auf dem Boden; die Früchte, reife und unreife, welkten an den abgebrochenen Ästen zusammen mit den

Blättern. Der Vollmond machte sich schmal wie eine Sichel, damit er dieses Grauen nicht mit ansehen mußte. Die Linde brach auf und mit ihr die übrigen Bäume und Sträucher, weg von den Menschen, die es zugelassen hatten, daß ein Tunichtgut wie Radim so schlecht zu herrschen begann. Die Bäume überquerten den Paß entlang des Flusses, schritten durch den Wüstensand, und wer weiß, wie weit sie gekommen waren, ehe die Sonne wieder ihr Vorrecht genoß, über den Himmel zu herrschen.

Gemeinsam mit den Bäumen verschwanden auch die Vögel samt ihren Nestern in den Zweigen. Nur Joskas Hirtenspatz blieb. Verwirrt flatterte er über dem Loch im Boden und begriff nicht, wo die Linde, das gütige alte Mütterchen, hingekommen war. Die Sonne machte sich am Himmel breit und ließ so viel Hitze auf die Erde fallen, daß es davor kein Entrinnen gab; es fehlten die Bäume, welche Schatten spenden und Feuchtigkeit ausatmen. Aus den gebeugten Getreideähren fielen die Körner heraus, vertrocknet und unreif, das Gras duckte sich auf den Boden, um sich vor der sengenden Sonne zu schützen, es wich zurück unter die Erde, zurück in die Wurzeln. Das Grün verschwand aus dem Kleinen Königreich. Von den Bäumen blieben nur graue Löcher zurück, die Erde trocknete aus und verwandelte sich in Staub. Vergeblich schickte Joska den Spatz auf die blaue Wiese, um nach verirrten Wolken Ausschau zu halten. Im Fluß begann das Wasser zu fallen, und die Erde wurde rissig vor Durst. Die unersättliche Sonne fletschte ihre glühenden Zähne und machte sich über die menschlichen Behausungen her; da waren keine Bäume, die sich ihr in den Weg hätten stellen können. Die Mauern der Häuser bekamen Risse und begannen einzustürzen. Die Sonne trank den letzten Tropfen aus dem Fluß; durch sein Bett trat von Süden her die Wüste in das Kleine Königreich ein.

Nur die königliche Burg widerstand der Hitze. Sie war aus Granitquadern gebaut und bot denen Schatten, die sich hier versammelt hatten. Keiner von ihnen wußte, was nun zu tun wäre. Die Prinzessin ließ ab vom Ausschauhalten nach dem Prinzen und Gatten und stieg hinab vom Turm zum Krankenbett ihres Vaters. Sobald König Karlik, genannt der Gutmütige, erfuhr, was geschehen war, verließ er sein Bett. Es war an der Zeit, als weiser König eine Entscheidung zu fällen, um das Kleine Königreich zu retten. Er setzte sich auf den Thron und legte seinen Kopf in die Hände. Als die Sonne hinter den Bergen verschwand und die Nacht die erhitzte Erde abkühlte, stand König Karlik vom Thron auf und sagte:

»Wenn hier keine Bäume mehr wachsen, werden wir alle zugrunde gehen. Derjenige, der die Bäume zurückholt, bekommt die Prinzessin Jarmila zur Frau und die Hälfte des Königreichs dazu!«

Joska, der Wolkenhirte, stand auf, pfiff seinen Spatz zu sich und sagte:

»Ich werde sie Euch holen!«

Der Spatz voran, Joska hinterdrein, machten sie sich auf durch das ausgetrocknete Flußbett Richtung Süden. Sie überquerten die Felsen und beschleunigten ihr Tempo, um noch in der Nacht vor dem Sonnenaufgang das längste Stück des Weges zurückzulegen.

In der Morgendämmerung flog der Spatz hoch hinauf zum Himmel, um eine bessere Übersicht zu haben. In der Ferne erblickte er eine kleine Wolkenherde; genau solche Wolken, wie sie sich von Zeit zu Zeit über dem Kleinen Königreich gebildet hatten. Der Spatz flog zurück auf Joskas Schulter, zeigte ihm die Richtung und flog wieder davon.

Die ermüdeten Bäume hatten mitten in der Wüste Halt gemacht. Der Durst quälte sie. Wenn nicht ein paar Regentropfen fielen, mußten sie zweifellos umkommen. Aber gerade, als sie die Äste hängen ließen und dachten, daß es besser wäre, aufrecht zu sterben, als auf Befehl eines Dummkopfs gefällt zu werden, begann der Spatz die Wolken zusammenzutreiben. Sie kuschelten sich aneinander, bis sich aus ihnen eine einzige große dunkle Wolke gebildet hatte; so riesig, daß sie den ganzen Himmel bedeckte. In diesem Augenblick hatte auch Joska die Bäume erreicht, und der Hirtenspatz flog vom Himmel herab und setzte sich auf seine Schulter.

Erst fielen einige schwere Tropfen in den Sand, dann begann es in Strömen zu regnen. Der trockene Sand trank das Wasser in vollen Zügen, die Bäume hoben ihre Äste zum Himmel und freuten sich über den Regen – er wusch den Staub und die Müdigkeit von ihnen, erfrischte die welken Blätter und gab den Wurzelstökken Kraft, geeignete Stellen im Sand zu finden und dort Wurzeln zu schlagen. Auch die Samen, die vom Regen in den Sand gespült worden waren, begannen zu keimen. Die Bäume waren gerettet.

Als der Regen vorbei war, kletterte Joska in die Krone der Linde, schloß die Augen und hörte dem Summen der Bienen zu. Dann zog er die Holunderflöte aus seiner Hosentasche, legte sie an die Lippen und versuchte mit ihren Tönen, die Bäume zu überreden, mit ihm zurückzukehren. Ohne sie würde alles Lebendige umkommen, das Kleine Königreich würde untergehen und Joska würde Prinzessin Jarmila niemals zur Frau bekommen. Einige Bäume aber hatten schon Wurzeln geschlagen, es keimten bereits ihre Nachkommen. Die Linde dachte nach, und nach einer Weile fand sie die Lösung. Einige Bäume sollten mit ihren neugeborenen Kindern hier bleiben, um sie zu beschützen und zu pflegen. Damit sie keinen Durst leiden müßten, ließ Joska den Hirtenspatz in der Wüste zurück, der würde ihnen hier die Wolken hüten und sich um den Regen kümmern. Die übrigen Bäume entschlossen sich zur Rückkehr – und mit ihnen die Vögel, die ihre Nester in den Kronen der Bäume hatten. Ein kleiner Spatz meldete sich bei Joska, um bei ihm eine Lehre als Wolkenhirte zu machen.

Die grüne Prozession überquerte den Paß in den südlichen Bergen gemächlich und schwerfällig; durch das ausgetrocknete Flußbett näherte sie sich der königlichen Burg. Die Prinzessin Jarmila, die nach einem Prinzen und Gatten Ausschau hielt, erblickte sie als erste. Vorneweg stolzierte ein hübscher Jüngling, und eine Schar Vögel umflatterte seinen Kopf; von weitem konnte man sein Gesicht nicht sehen. Die Prinzessin lief die Turmtreppe hinunter und rief erfreut:

»Die Bäume kehren zurück, wir sind gerettet. Ein Prinz führt sie an. Heißt den Prinzen und Retter willkommen!«

Die Bäume folgten Joska nicht bis zur Burg, einer nach dem anderen kehrten sie zu ihren verlassenen Löchern zurück und schlugen dort erneut Wurzeln. Auf dem Burghof traf nur Joska ein, begleitet von seinem jungen Spatz. Sobald Prinzessin Jarmila feststellte, daß es Joska war, der die Bäume zurückgeholt hatte, daß nicht ein Prinz das Kleine Königreich gerettet hatte, sondern ein gewöhnlicher Wolkenhirte, rümpfte sie verächtlich die Nase und lief die Stiegen hoch, zurück auf den Turm, um erneut nach einem Prinzen mit einem eigenen Schloß Ausschau zu halten.

König Karlik war das sehr unangenehm, hatte er doch demjenigen, der die Bäume zurückholen würde, die Prinzessin versprochen – und Joska hatte sie zurückgeholt. Wenn sich aber eine Prinzessin etwas in den Kopf setzt, kommt ihr nicht einmal der König bei. Joska zuckte die Achseln und wollte sich wieder auf den Weg machen.

»So nimm doch wenigstens die Hälfe meines Königreichs«, forderte ihn der König auf.

»Was soll ich denn damit anfangen? Ein König ist für das Kleine Königreich mehr als genug!«

König Karlik ärgerte sich, daß er das, was er versprochen hatte, nicht halten konnte. Er überlegte also, wie er Joska belohnen könnte. »Ich hab's!« rief er nach einer Weile des Nachdenkens erfreut. »Du wirst mein Berater.«

»Radim ist doch Euer Berater«, wandte Joska ein.

»Den will ich überhaupt nicht mehr sehen!« entrüstete sich der König. »Erst soll er im abgeholzten Obstgarten neue Bäume pflanzen, dann wird er die Schweine hüten. Und du wirst mein neuer Berater.«

»Gut, Majestät«, sagte Joska. »Wenn Ihr mich braucht, wißt Ihr schon, wo ich zu finden bin«, und er machte sich auf zu der alten Linde in der Mitte des Kleinen Königreiches. In ihrem Geäst richtete er sich gemütlich ein wie auf einem Thron, legte die Holunderflöte an seine Lippen und begann dem kleinen Spatz beizubringen, wie man auf der blauen Wiese verlaufene Wolken zusammentreibt.

Franz Hohler

DER URWALD-
SCHREIBTISCH

Im Büro eines Kaufmanns stand ein großer Schreibtisch aus Mahagoniholz. Um in dieses Büro zu kommen, fuhr der Kaufmann jeden Tag mit dem Lift in den obersten Stock eines Geschäftshauses, das fast ganz aus Glas war. Dort telefonierte er von seinem Mahagonischreibtisch aus in der ganzen Welt herum, verkaufte Erdnüßlein aus Afrika nach Norwegen und Gummistiefel aus Norwegen nach Afrika und rechnete am Abend auf seinem Computer den Gewinn aus. Dann schloß er das Büro ab, verschwand mit dem Lift in die Parkgarage, und der große Mahagonischreibtisch blieb allein zurück mit den andern Möbeln, den Wandschränken und einem mächtigen Gummibaum.

Er war aus einem Mahagonistamm gemacht worden, den man im Amazonas-Urwald gefällt hatte, und er unterhielt sich jede Nacht mit dem alten Gummibaum und erzählte ihm vom Urwald, vom Geschrei der Affen, vom Krächzen der Papageien und vom Knurren des Pumas, wenn dieser hinter einer Beute her war. Er erwähnte auch die Schönheit des Vollmondes und das Rauschen des Windes und das unglaubliche Krachen der Urwaldgewitter. Zuletzt seufzte er immer und sagte: »Wenn ich nur einmal in den Urwald zurückkönnte, nur ein einziges Mal.« Der Computer und das Telefon sagten kichernd, sie kämen schon mit, der Bürostuhl brummte, ihm sei es dort zu feucht, und der Gummibaum nickte leise mit seinen Blättern.

Im Amazonas-Urwald aber stand ein junger Mahagonibaum,

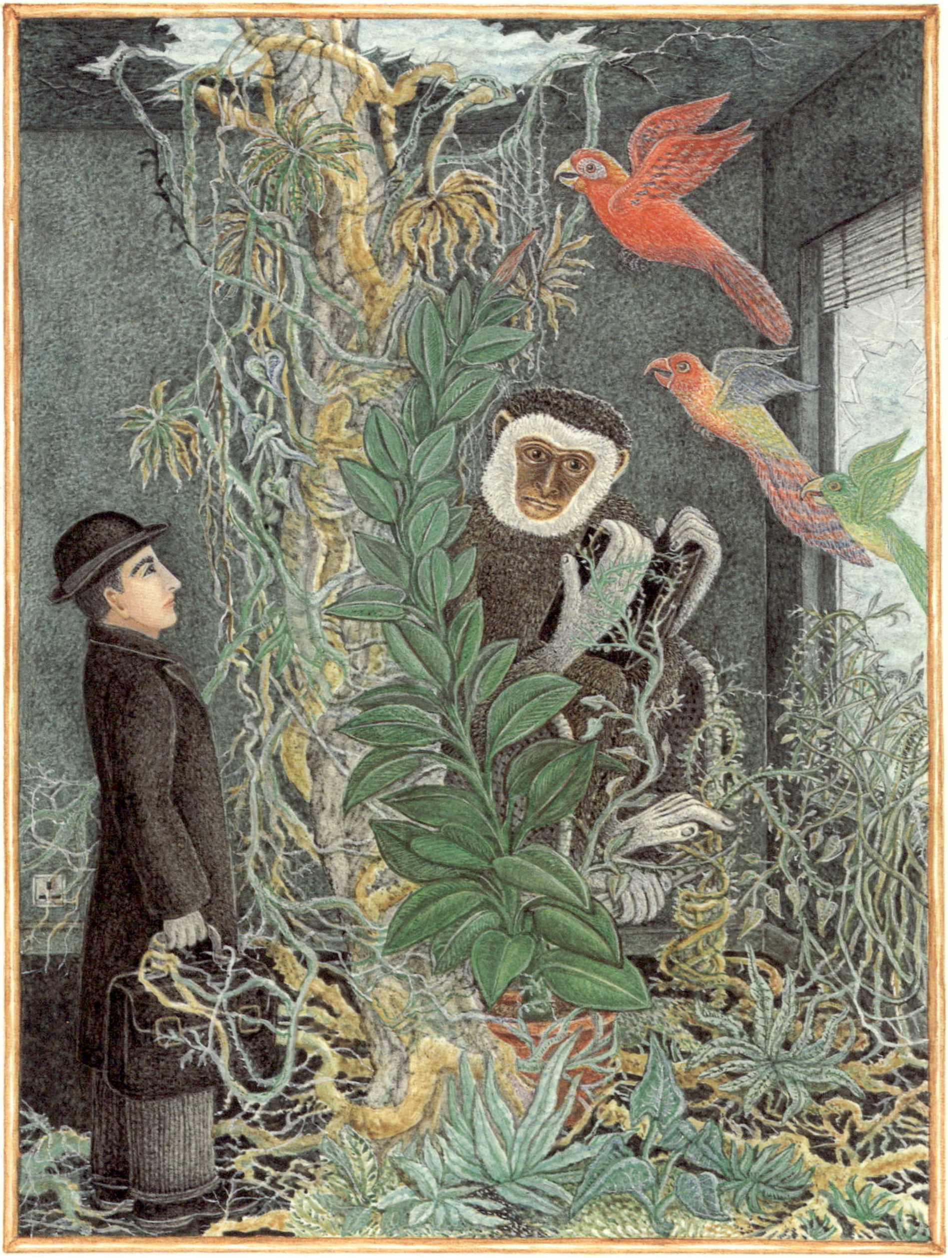

dem hatte ein Zugvogel von den großen Städten erzählt, von den Glashochhäusern und den vielen Autos, die hupend durch die Straßenschluchten fuhren, und von den Lichtreklamen, die nachts taghell an den Wänden der Glashochhäuser leuchteten. Seither waren dem Mahagonibaum die Affen, Papageien und Pumas verleidet, und er wünschte sich nichts so sehr, als einmal in seinem Leben eine große Stadt zu sehen.

Ein alter Gummibaum, der sich am Nachbarstamm emporrankte, mochte schließlich das ständige Gejammer nicht mehr hören und sagte ihm, er solle jetzt schweigen und sich beim nächsten Vollmond ganz fest wünschen, in die Stadt zu fliegen, dann werde es möglich sein.

Unterdessen wurde es auch der Gummibaum im Bürohaus leid, sich jede Nacht die weinerlichen Klagen des Mahagonischreibtisches anzuhören, und statt mit seinen Blättern zu nicken, sagte er dem Tisch, wenn er jetzt schweige und sich beim nächsten Vollmond ganz fest wünsche, in den Urwald zu fliegen, dann werde es möglich sein.

Und wer hätte es geglaubt, als der nächste Vollmond orangerot über dem Amazonas und käsebleich über der großen Stadt aufging, knirschte und rauschte es im Amazonas-Urwald, und ein Mahagonibaum flog davon, und gleichzeitig sauste in der großen Stadt splitternd und krachend ein Schreibtisch zum obersten Stock des Bürohochhauses hinaus.

Als der Kaufmann am nächsten Morgen aus dem Lift trat und die Türe zu seinem Büro öffnete, traute er seinen Augen nicht. Das große Glasfenster war zertrümmert, und dort, wo immer sein schöner Schreibtisch mit dem Computer und dem Telefon gestanden hatte, hatte ein fremdartiger Baum Wurzeln geschlagen, dessen Stamm durch ein Loch im Flachdach in den Himmel ragte. Papageien mit grellen Farben flatterten kreischend zwischen dem Gummibaum und den Schränken herum, und auf dem Bürostuhl saß ein Affe und blätterte in einem Ordner mit den Gummistiefel-Abrechnungen.

Wie nun der Kaufmann vorsichtig zum Loch im Dach hinausschauen wollte, hörte er das Knurren eines Raubtiers und lief schreiend in den unteren Stock, wo ein Nudelfabrikant und seine Sekretärin fassungslos vor den Wurzeln standen, die aus der Decke drangen und sich schon überall festgeklammert hatten. Der Nudelfabrikant versuchte mit seinem Taschenmesser eine Wurzel abzuschneiden, die sich in eine Steckdose gebohrt hatte, worauf ein Kurzschluß das ganze Haus lahmlegte.

Den Gärtnern, die darauf gerufen wurden, zersplitterten die Kettensägen; bald zeigte sich, daß sich der Baum so wohl fühlte, daß er sich nicht umbringen ließ. Die Wurzeln wuchsen am ganzen Bürohaus hinunter, und wenig später sprossen andere Mahagonibäume aus den unteren Fenstern und aus den Dächern der Nachbarhäuser; die Papageien vermehrten sich wie die Spatzen, auch die Affen hüpften locker von einem Hochhaus zum andern und holten den Angestellten durch die offenen Fenster die Sandwiches von den Pulten, und der Puma schlich durch die Treppenhäuser und die Straßen und ernährte sich von Katzen und Pudeln. Den Leuten in der Stadt blieb nichts anderes übrig, als mit diesem kleinen Urwald zu leben, der sich langsam, aber stetig vergrößerte, bald hörte man in den Parkgaragen Pfeilfrösche quaken und vor den Fenstern der Banken und Versicherungen flatterten neuerdings bunte Schmetterlinge.

Der Erdnußkaufmann und der Nudelfabrikant mußten ihre Büros aufgeben und sich andere suchen, nur der Gummibaum blieb in seiner Ecke stehen, und wenn ihm der Mahagonibaum nachts vom Amazonas erzählte, nickte er leise mit den Blättern.

Kürzlich aber hat eine Affenforscherin, die aus dem Amazonas-Gebiet zurückkam, erzählt, sie hätte mitten im Urwald einen Schreibtisch gesehen, in dessen Schubladen Erdferkel ihre Nüsse aufbewahrten und auf dessen Tischplatte sich die Kragenäffchen fröhlich zeternd den Telefonhörer aus der Hand rissen, während die Papageien auf dem Bürostuhl nisteten und sich darum stritten, wer mit dem Schnabel auf die Tasten des Computers hacken dürfe.

In Norwegen aber treffen die seltsamsten Bestellungen ein, und man weiß dort nicht mehr, ob man die Erdnüßlein wieder nach Afrika und die Gummistiefel wieder nach Norwegen oder alles zusammen in den Amazonas schicken soll, oder was eigentlich los ist.

Rafik Schami

DER FLIEGENDE BAUM

Auf einem kleinen Feld lebten einst ein alter, knorriger Apfelbaum und ein junger, hochgewachsener Aprikosenbaum. Sie hatten genug Platz zum Leben und standen so weit auseinander, daß keiner im Schatten des anderen leben mußte. Von Jahr zu Jahr brachte der Aprikosenbaum immer mehr Blüten hervor, und der alte Apfelbaum regte sich über seinen Nachbarn auf.

»Du trägst viel zu viele Blüten. Die Bienen haben kaum noch Zeit, die meinen zu befruchten.«

»Ich bin halt fleißig«, antwortete der Aprikosenbaum stolz, »und die Bienen auch. Du bist alt und taugst höchstens noch für den Ofen.«

Die Zankereien hörten zum Ende des Frühlings hin auf, denn die emsigen Bienen hatten die Blüten beider Bäume bestäubt. Im Sommer strahlte dann der Apfelbaum.

»Was für miese Früchte trägst denn du? Es sind viel zu viele, bei der kleinsten Windböe fallen sie dir herunter. Schau her, jeder Apfel ist ein Stern. Kein Wunder, daß der Bauer euch nur noch zur Marmelade zerquetscht. Ein jämmerlicher Marmeladenheini bist du!« spottete der Apfelbaum und schaute stolz auf seine großen, rotbackigen Äpfel.

»Wasserkopf! Aus dir wird ja nur ein geschmackloser Saft gepreßt. Ein ganz billiger Saftladen bist du!«

Doch als der Herbst ins Land zog, redeten die Bäume immer weniger miteinander; denn ihre Früchte waren geerntet, und sie wußten nicht, worüber sie sich noch streiten sollten. Sie langweil-

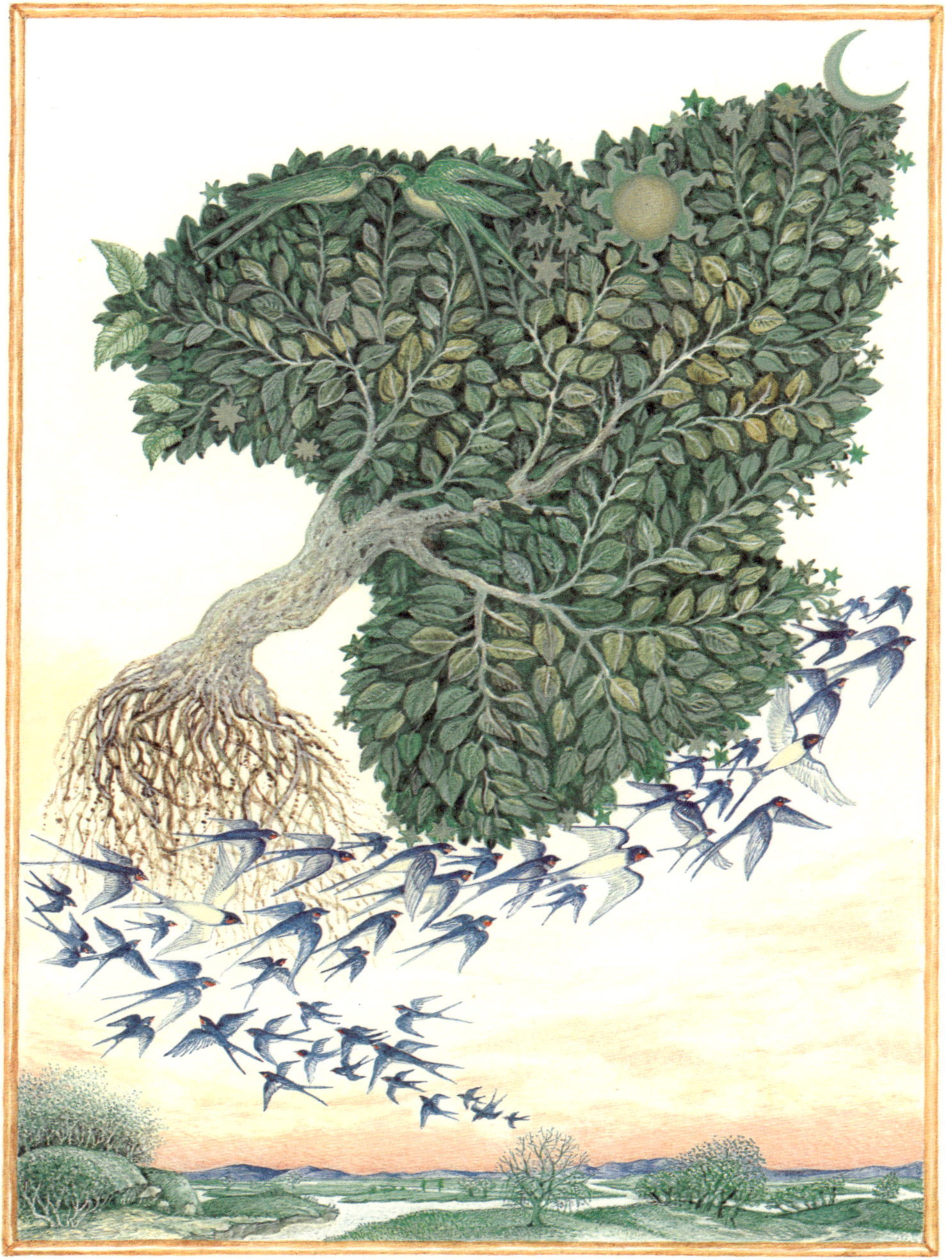

ten sich den ganzen Tag, bis der Winter den Herbst ablöste, dann fielen sie in tiefen Schlaf.

In einem Frühjahr jedoch drängte sich ein kleiner Baum aus dem Boden ans Licht der Welt. Als erster bemerkte ihn der Apfelbaum.

»Dieser Aprikosenschuft hat heimlich einen Kern in den Boden geschlagen, und bald wird der Bauer mich abholzen und nur noch Aprikosenbäume auf seinem Land beherbergen. Ich bin alt und trage von Jahr zu Jahr weniger. Der Bauer läßt nicht einen Apfel am Boden verkommen, so daß ich mich an keinem einzigen Ableger erfreuen kann!«

»Guten Morgen!« grüßte der kleine Baum fröhlich und erschreckte den Aprikosenbaum, der damit beschäftigt war, den Bienen den Hof zu machen.

»Guten Morgen! Wer bist denn du?« fragte dieser erstaunt zurück. Er dachte dabei im stillen, der Apfelbaum wolle den Bauern auf seine alten Tage mit einem Sproß verführen.

»Iiich? Ein Baum!«

»Ja, gut, aber was für einer?« fragten die beiden Alten im Chor.

»Das weiß ich nicht. Genügt es nicht, ein Baum zu sein?«

»Nein, du mußt etwas Bestimmtes werden! Schau, Aprikosen sind am fleißigsten. Gefallen sie dir nicht?« sprach der Aprikosenbaum schmeichelnd.

»Ja, doch«, antwortete der junge Nachbar und bekam sogleich zwei zierliche Aprikosenblätter.

»Laß dich, junger Freund, von dem Marmeladentrottel nicht einmachen. Äpfel sind das Schönste auf der Welt!« Der Apfelbaum sprach so überzeugend, daß der kleine Baum zwei Apfelblätter bekam.

»So geht es nicht! Du mußt dich entscheiden. Apfel oder Aprikose?« erboste sich wieder der andere Nachbar.

»Ich weiß es noch nicht! Ich brauche doch Zeit!« wunderte sich der junge Baum.

»Armer Trottel!« stöhnten die beiden Alten und kümmerten sich wieder um die Bienen. Der kleine Baum beobachtete die Sonne, und sie gefiel ihm, weil sie so rund und leuchtend war. Kurz vor ihrem Untergang bekam er ein rundes Blatt. Es wurde dunkel, aber der junge Baum war so aufgeregt, daß er nicht schlafen konnte. Es war seine erste Nacht. Die Sterne grüßten ihn, und alsbald erkannte er, daß kein Stern dem anderen glich, jeder hatte eine andere Geschichte. Der Mond verzauberte seinen Zuhörer mit seinen Erzählungen, bis er in der Dämmerung in Schlaf fiel.

Am nächsten Morgen staunten die Nachbarn über die vielen neuen Blätter, einige sahen wie Sterne aus, und aus dem Wipfel ragte ein kleiner Stiel, der einen grünen Halbmond trug.

»Das kann ja heiter werden«, spottete der Apfelbaum.

»Du Nichtsnutz, jeder Baum trägt nur eine Art von Blättern und kümmert sich um seine Früchte«, belehrte ihn der Aprikosenbaum.

»Warum denn? Ist es nicht wunderbar, Sterne und Monde zu tragen?«

»Nein, wozu?«

»Sie erzählen doch die schönsten Geschichten!«

»Was nutzt einem Baum das schönste Märchen. Früchte mußt du tragen.«

»Ich finde aber Geschichten sehr schön. Könnt ihr mir auch welche erzählen?«

»Das wird ja immer lustiger! Geschichten, sagst du?«

»Ja! Ihr seid doch alt genug, oder?« fragte der junge Baum.

»Ich kann keine Geschichten erzählen. Ich kann dir aber die Wahrheit sagen!« stöhnte der Aprikosenbaum.

»Und was ist die Wahrheit? Ist sie spannend wie ein Märchen?«

»Die Erde ist eine große Aprikose! Das ist die Wahrheit.«

»Er lügt«, unterbrach giftig der Apfelbaum. »Das ist ein Märchen. Die Wahrheit ist, die Erde ist ein runder Apfel.«

Über diesem Streit vergaßen die beiden Nachbarn den kleinen Baum. Eine Schwalbe jagte in graziösem Flug eine Mücke. Plötzlich sah sie den prächtigen Baum.

»Du siehst aber komisch aus. Was bist du denn für einer?«

»Ich weiß es noch nicht. Ich bin ein Baum, genügt das nicht?«

»Doch, doch! Ich finde dich toll«, rief die Schwalbe.

»Kannst du Geschichten erzählen?«

»Na, du bist vielleicht ein komischer Kerl! Aber warte, ich komme gleich mit einer Freundin zurück. Sie erzählt am besten von uns allen!« und flog davon.

Nach kurzer Zeit kam sie mit einer anderen Schwalbe zurück. Die kicherte erst einmal, als sie die wundersame Blätterpracht sah; denn sie hatte gedacht, daß ihre Freundin reichlich übertrieben hätte. Sie ließ sich auf einem wippenden Zweig nieder und kramte ihre schönsten Geschichten aus dem Gedächtnis hervor. Schwalben sind die besten Märchenerzähler. Sie reisen um die ganze Welt und nisten unter den Dächern der Häuser und Ställe. Sie sehen und hören viel und können sich an alles erinnern. Die Schwalbe erzählte dem jungen Baum lange über die bunte Welt, und als er am Schluß fragte, ob die Erde wie eine Schwalbe aussehe, fiel sie vor Heiterkeit fast von ihrem Zweig. Seitdem glaubte der junge Baum nicht, daß die Erde wie ein Apfel oder wie eine Aprikose aussieht.

Als der Herbst kam, verabschiedeten sich die Schwalben schweren Herzens und flogen in den Süden. Der junge Baum dachte traurig die ganze Nacht an seine Freunde, und in der Morgendämmerung entfalteten sich zwei Schwalbenblätter an seinen Ästen.

»Höre endlich auf, neue Blätter in die Welt zu setzen, der Herbst kommt«, riet ihm der Apfelbaum. Doch der kleine Baum wunderte sich nur über die Blässe, die alle Blätter der beiden Nachbarn verfärbte.

»Warum werdet ihr so bleich?«

»Der Herbst will das so, sonst können wir den Winter nicht überleben!«

»Warum?«

»Das war schon immer so!« rief der Aprikosenbaum, und der Wind fegte viele seiner Blätter hinweg.

»Laß deine Blätter fallen!« brüllte der Apfelbaum in den tosenden Wind.

»Ich liebe aber meine Blätter!« Der Kleine umklammerte sie trotzig und verteidigte sie verbissen gegen die Wut des Sturmes.

Der Winter zog ins Land und verbreitete eisiges Schweigen. Einsam und verlassen fühlte sich der kleine Baum. Er zitterte mehr vor Angst als vor der Kälte. Um seine Angst zu besiegen, fing er an, sich die Geschichten der Schwalben zu erzählen. »Laß uns schlafen!« schimpfte der Apfelbaum. »Früchte tragen will er nicht, aber eine große Klappe hat der junge Nachbar«, nörgelte der Aprikosenbaum, und die beiden Gegner waren sich zum erstenmal einig.

Es war ein kalter Winter, der Himmel geizte mit Regen. Je kälter es wurde, um so mehr dachte der junge Baum an die Schwalben, träumte von ihnen und ihren Geschichten. Sehnsüchtig erwartete er den ersten Frühlingstag.

Ermüdet und fast verdurstet erwachten die Bäume aus ihrem Winterschlaf. Sie schlugen ihre Wurzeln tief in die ausgedörrte Erde, um etwas Feuchtigkeit aufzuspüren. Ihre Zweige streckten sich weit hinauf, den spärlichen Tau aufzusaugen. Verzweifelt versuchte auch der junge Baum, seinen Durst zu stillen. Seine feinen Wurzeln stießen auf der Suche nach Wasser aber immer wieder auf die kräftigen Wurzeln seiner Nachbarn. Sie versperrten ihm den Weg, und als er sie um etwas Platz bat, riefen sie:

»Tut uns leid, Junge, wir müssen später unsere Früchte ernähren.«

Oft träumte der Baum vom Regen und von den Wolken, und seine jungen Blätter ähnelten den Bildern seiner Träume.

Die Schwalben hörten sich den Kummer ihres Freundes an, der keine Märchen mehr hören wollte. Wenn ein Baum Durst und Hunger hat, mag er keine Geschichten hören.

»Meine Nachbarn haben kaum zu essen und zu trinken und werden von Tag zu Tag schwächer. Könnt ihr mir nicht helfen?«

»Wie denn?« fragten die Schwalben besorgt.

»Ich will mit euch in den Süden ziehen, denn hier werde ich den nächsten Winter nicht überleben, und der Bauer wird mich zu Kleinholz machen.«

Als die Schwalben sich im Herbst sammelten, um in den Süden zu fliegen, verabschiedete sich der kleine Baum von seinen Nachbarn.

»Was heißt hier, lebt wohl! Ein Baum reist nirgendwohin!« empörte sich der Aprikosenbaum.

»Doch! Wenn einer nichts mehr zu essen und zu trinken hat, dann reist er fort, egal ob er ein Baum oder eine Schwalbe ist.«

Der junge Baum packte mit seinen Wurzeln etwas Erde und reckte seine Zweige hoch hinauf. Hunderte von Schwalben zogen ihn aus der staubigen, trockenen Erde und flogen mit ihm davon.

»So einen armen Baum habe ich noch nie gesehen!« sagte der Aprikosenbaum und gähnte herzhaft, und der Apfelbaum nickte zustimmend.

Die Schwalben flogen immer höher. Sie eilten ohne Rast in den Süden. Der kleine Baum erblickte staunend Berge, Täler und Flüsse. Nach mehreren Tagen erreichten sie gemeinsam ihr Ziel.

»Wo wollt ihr hin?«

»In die Felswand dort drüben«, antworteten die Schwalben.

»Können Bäume in Felsen leben?«

»Nein, das nicht, aber du kannst im Wald am Fuße der Felsen leben!«

Der kleine Baum schaute sich den dichten Wald an.

»Nein! Dort gibt es keinen Platz, tragt mich hinunter zum silbernen Fluß. Dort kann ich leben.«

Die Schwalben glitten hinab und setzten den kleinen Baum sanft auf das Wasser.

»Wir werden dich besuchen!« riefen sie und flogen zu ihren Nestern in der Felswand.

Das Wasser trug den Baum hinunter bis zu einer ruhigen Flußbiegung. Erfreut über das kühle Wasser begann der Baum, sich den Staub der weiten Reise von seinen Blättern abzuwaschen.

»Was bist du für ein komischer Fisch?« hörte er plötzlich eine leise Stimme. Ein kleiner roter Fisch starrte ihn verwundert an.

»Der liegt einfach so auf dem Wasser und schwimmt. Meine Güte, wir müssen uns abrackern, damit wir nicht umkippen.«

»Wer bist du?« drängte sich ein schwarzer Fisch vor.

»Ich bin ein Baum!«

»Ein Baumfisch? So etwas habe ich noch nie gehört!«

»Können Baumfische alle so gut schwimmen?« fragte neugierig der rote Fisch.

»Weiß ich nicht! Ich kann es!« antwortete der junge Baum verlegen.

»Bäume müssen ganz tolle Fische sein«, schwärmte der schwarze Fisch, und der junge Baum fühlte sich überglücklich. Er erzählte von seiner Reise, und nach einer Weile hörte ihm ein großer Fischschwarm zu. Viele junge Fische schwärmten davon, eines Tages zu fliegen, aber ältere Fische schüttelten den Kopf über den kleinen redseligen Baum. Ob alt oder jung, einerlei, sie lauschten seinen spannenden Geschichten und freuten sich über den neuen Nachbarn. Fische reden in der Regel wenig und hören gerne zu. Während aber der junge Baum sich wusch und den Fischen erzählte, löste das Wasser die Erdkrumen aus seinen Wurzeln.

»Ich habe Hunger«, rief er.

»Und was essen Baumfische?« fragte ihn ein kleiner roter Fisch.

»Erde und Sonne schenken mir das Leben, dafür muß ich geradestehen. Wir Bäume können nur aufrecht leben. Helft mir, bitte, meine Wurzeln in den Boden zu schlagen.« Ein großer Fischschwarm packte seine Wurzeln und zog sie in die Tiefe. Eine große Mühe war das, aber nach mehreren Versuchen stand der Baum aufrecht. Er grub seine Wurzeln tief in den weichen Boden.

Stolz, doch etwas ermüdet schauten die Fische den Baum an und staunten über die vielen jungen Blätter, die wie grüne Fische aussahen. An diesem ersten Tag erzählte der Baum den Fischen Märchen bis in die Nacht hinein.

Als er erwachte, stand die Sonne bereits hoch am Zenit. Kein einziger Fisch war weit und breit zu sehen. Er rief nach ihnen, aber sie schienen seine Stimme nicht zu hören.

»Ein Pelikan lauert in der Nähe«, erklärte ihm eine Schwalbe, die vorbeisegelte und seine besorgten Rufe vernahm. »Deshalb flüchten alle Fische.«

Der junge Baum erzitterte, als hätte ihn die Einsamkeit des Nordens eingeholt. Eine arge Wut auf den Pelikan packte ihn.

»Habt keine Angst vor dem Pelikan. Ich bin doch euer Freund!« rief der junge Baum den Fischen zu. »Solange ich in der Nähe bin, wird kein Pelikan der Welt euch auch nur eine Schuppe ausreißen.«

Erst nach mehreren Rufen wagte sich ein kleiner schwarzer Fisch aus seinem Versteck heraus.

»Hast du keine Angst vor dem Pelikan?« fragte er den jungen Baum mit dünner Stimme.

»Nein! Ich werde ihm zeigen, was ein Baum ist!« Seine Zweige peitschten das Wasser. Er kannte den Pelikan nicht, und Bäume haben keine Angst vor jemandem, den sie nicht kennen. Fische jedoch kennen den Pelikan. Deshalb wagten sich nur drei kleine Fische heraus und drückten sich eng an den Stamm ihres Freundes.

Plötzlich krachte es. Hoch aufspritzendes Wasser nahm dem jungen Baum die Sicht. Wie durch einen Schleier sah er aus dem Sprudel den Pelikan auftauchen. Die drei Fische waren verschwunden. Wütend streckte der junge Baum seine Zweige aus und packte den Pelikan am Hals. Dieser zappelte wild, konnte sich aber nicht befreien. Der Baum zog den Pelikan zu sich heran und haute ihm mit einem kräftigen Ast über den Kopf.

»Tu das nicht noch einmal! Gib sofort meine Freunde heraus!« brüllte er den erschrockenen Vogel an.

»Was geht das dich an! Du bist doch nicht ihr Vater!« krächzte der Pelikan heiser und japste nach Luft, denn die Zweige schnürten ihm fest den Hals zu.

»Ich bin nicht ihr Vater, doch wohl ihr Freund. Spuck sie heraus.« Er schüttelte den Pelikan und gab ihm noch einen Hieb auf den Kopf.

Der Pelikan fürchtete um sein Leben. Er sperrte seinen großen Schnabel auf, und die kleinen Fische konnten ins Wasser springen.

»Kommt alle heraus und schaut euch den Pelikan an«, rief der Baum, und immer mehr Fische kamen aus ihrem Versteck. Sie lachten zum erstenmal über den Pelikan, der gefangen in den Zweigen hing und wütend mit seinen Flügeln schlug.

»Verschwinde und laß dich hier nie wieder blicken!« befahl der Baum und versetzte dem Pelikan noch einen Schlag auf den Hintern.

Die Fische sahen erfreut zu, wie der Vogel das Weite suchte.

»Es gibt kein größeres Unglück als die Freundschaft der Bäume mit den Fischen«, fluchte der Pelikan und verschwand.

Doch dieses Unglück bereitete den Fischen ein großes Vergnügen. Fröhlich tanzten sie um den Stamm ihres Freundes herum wie leuchtende Ringe. Und wer sie genau belauschte, der konnte die Fische zum erstenmal singen hören.

Verfasser- und Quellenverzeichnis

Italo Calvino (1923–1985): Das Mädchen, das mit den Birnen verkauft wurde. Aus: Italienische Märchen. Gesammelt und neu gefaßt von Italo Calvino. Aus dem Italienischen von Lisa Rüdiger. Manesse Verlag, Zürich 1975.

Das kleine Kind und der Kürbisbaum (Island). Aus: Popular Tales from the Norse. Edited by Peter G. Asbjörnsen and Jorgen E. Moe. Edinburgh 1888. Aus dem Englischen von Anja Lazarowicz.

Jacques Roubaud (geb. 1932 in Caluire/Rhône): Das Kind im Baum. (Originalbeitrag.) Aus dem Französischen von Eugen Helmlé.

Der verzauberte Apfelbaum (Flandern). Aus: The Faber Book of Northern Tales. Edited by K. Crossley-Holland. London 1980. Aus dem Englischen von Anja Lazarowicz.

Der Dummkopf und die Birke (Rußland). Aus: Alexander N. Afanasjew: Märchen aus dem alten Rußland. S. Fischer Verlag, Frankfurt/M. 1966.

Das Märchen vom goldenen Baum (Deutschland). Aus: Deutsche Volksmärchen. Herausgegeben von Angelika Merkelbach-Pinck. Bärenreiter Verlag, Kassel 1953.

Der Wunderbaum (Slowenien). Aus: Wunderbaum und goldener Vogel. Slowenische Volksmärchen. Herausgegeben von Else Byhan. Erich Röth-Verlag, Eisenbach und Kassel 1958.

Peter Marginter (geb. 1934 in Wien): Atlas. (Originalbeitrag.)

Das Lorbeerkind (Griechenland). Aus: Griechische Märchen. Gesammelt und übersetzt von Johann Georg von Hahn. Franz Greno Verlag, Nördlingen 1987.

Von dem Machandelboom. Nacherzählt von Wolfgang Koeppen. Aus: Von dem Machandelboom. Ein Märchen nach Philipp Otto Runge. Mit einer Nacherzählung und einem Nachwort von Wolfgang Koeppen. Insel Verlag, Frankfurt/M. 1987.

Wie die Trauerweide entstanden ist (Finnland). Aus: Finnische und estnische Märchen. Herausgegeben von August von Löwis of Menar. Eugen Diederichs Verlag, Köln 1976.

Michel Tournier (geb. 1924 in Paris): Als der kleine Däumling durchbrannte. Eine Weihnachtserzählung. Aus: Michel Tournier: Die Familie Adam. Erzählungen. Aus dem Französischen von Hellmut Waller. Verlag Hoffmann und Campe, Hamburg 1981.

Russell Hoban (geb. 1925 in Lansdale/Pa): Olivers Geheimnis. (Originalbeitrag.) Aus dem Englischen von Anja Lazarowicz.

Zwerghirsch und Affe (Indonesien). Aus: Indonesische Märchen. Herausgegeben und aus dem Indonesischen übertragen von Ernst Ulrich Kratz. Eugen Diederichs Verlag, Köln 1973.

Vier Freunde und ein Pfirsichbaum (Tibet). Aus: Märchen aus Tibet. Herausgegeben von Herbert Bräutigam. S. Fischer Verlag, Frankfurt/M. 1989.

Der Sandelbaum (Zentralasien). Aus: Märchen vom Dach der Welt: Überlieferung der Pamirvölker. Herausgegeben von Isidor Levin. Eugen Diederichs Verlag, Köln 1986.

Die Geschichte von dem Baum mit den drei Ästen. Aus: Das Insel-Buch der Bäume. Gedichte und Prosa. Ausgewählt von Gottfried Honnefelder. Insel Verlag, Frankfurt/M. 1977.

Gabriel Josipovici (geb. 1940 in Nizza): Geheimnisse. (Originalbeitrag.) Aus dem Englischen von Anja Lazarowicz.

J.M.G. Le Clézio (geb. 1940 in Nizza): Kwipo. (Originalbeitrag). Aus dem Französischen von Rudolf von Bitter.

Bertolt Brecht (1898–1956): Der Geierbaum. Aus: Gesammelte Werke in 20 Bänden (Werkausgabe edition suhrkamp), Frankfurt/M. 1967.

Torgny Lindgren (geb. 1938 bei Västerbotten): Der heilende Baum. (Originalbeitrag). Aus dem Schwedischen von Verena Reichel.

Ivan Binar (geb. 1942 in Boskovice, Mähren): Der Wolkenhirte. (Originalbeitrag.) Aus dem Tschechischen von David Binar.

Franz Hohler (geb. 1943 in Biel): Der Urwaldschreibtisch. (Originalbeitrag.)

Rafik Schami (geb. 1946 in Damaskus): Der fliegende Baum. Aus: Rafik Schami: Der fliegende Baum. Die schönsten Märchen, Fabeln und phantastischen Geschichten. Neuer Malik Verlag, Kiel 1991.

Inhalt

Italo Calvino
Das Mädchen, das mit den Birnen verkauft wurde 7
Das kleine Kind und der Kürbisbaum 12
Jacques Roubaud
Das Kind im Baum 15
Der verzauberte Apfelbaum 25
Der Dummkopf und die Birke 29
Das Märchen vom goldenen Baum 33
Der Wunderbaum 38
Peter Marginter
Atlas 45
Das Lorbeerkind 53
Von dem Machandelboom 57
Wie die Trauerweide entstanden ist 69
Michel Tournier
Als der kleine Däumling durchbrannte 73
Russell Hoban
Olivers Geheimnis 89
Zwerghirsch und Affe 102
Vier Freunde und ein Pfirsichbaum 108
Der Sandelbaum 112
Die Geschichte von dem Baum mit den drei Ästen 118
Gabriel Josipovici
Geheimnisse 124
J. M. G. Le Clézio
Kwipo 128
Bertolt Brecht
Der Geierbaum 131
Torgny Lindgren
Der heilende Baum 134
Ivan Binar
Der Wolkenhirte 140
Franz Hohler
Der Urwaldschreibtisch 151
Rafik Schami
Der fliegende Baum 156

Verfasser- und Quellenverzeichnis 166